Winfried Noack

Lebensfrohe Kinder sind kein Zufall

Winfried Noack

Lebensfrohe Kinder sind kein Zufall

Grundsätze einer gelungenen Erziehung

Frank & Timme
Verlag für wissenschaftliche Literatur

Umschlagabbildung: Girl biking
© Jacek Chabraszewski – Fotolia.com

ISBN 978-3-7329-0090-9

Herstellung durch Frank & Timme GmbH,
Wittelsbacherstraße 27a, 10707 Berlin.
Printed in Germany.
Gedruckt auf säurefreiem, alterungsbeständigem Papier.

www.frank-timme.de

Inhalt

1 Grundsätzliche Verhaltensweisen der Eltern ... 7
2 Wunderwerk Kind ... 12
3 Die Familienatmosphäre ... 19
4 Die Erziehungsgrundsätze ... 30
5 Die Geschwisterkonstellation ... 42
6 Einfühlsames und verstehendes Zuhören ... 48
7 Kind und Spiel ... 51
8 Die Lebensaufgaben des Kindes ... 63
9 Der Familienrat und die Familienandacht ... 65
10 Religion weise anwenden ... 68
11 Kind und Schule ... 78
12 Schul- und Spielkameraden ... 82
13 Erziehung zum Gemeinschaftsgefühl ... 86
14 Kranke Kinder ... 88
15 Kinder haben Probleme ... 90
16 Kind und Sexualität ... 95
17 Bindungen als Lebensbasis ... 102
18 Erwachsene Kinder ... 117
19 Literatur ... 121

1 Grundsätzliche Verhaltensweisen der Eltern

Eltern bringen ihren Kindern, so meine ich, Wertschätzung, Verständnis, Ermutigung und Miteinbeziehung entgegen.

Wertschätzung

Unsere Kinder sind unser höchstes Gut. Sie sind das Wichtigste. Nicht der Beruf, nicht der Besitz (was auch immer) sind wichtiger als die Kinder; nur die Ehefrau/Mutter bzw. der Ehemann/Vater sind genauso wertvoll. Wertschätzung bedeutet praktisch, den Kindern immer wieder zu sagen und durch Handlungen deutlich zu machen, *dass sie für die Eltern das Wichtigste auf der Welt sind.*

Verständnis

Kindliche Bedürfnisse sind altersabhängig. Die kindliche Lebenszeit gliedert sich im Wesentlichen in die Vorschulzeit und in die Schulzeit bis zum Eintritt in die Pubertät. Nach Piaget und Erikson (Piaget, Inhelder 1993; Erikson 1995, S. 221–255) differenzieren sich die beiden Lebensabschnitte folgendermaßen:

Das einverleibende Selbst im ersten Lebensjahr wird bestimmt durch das Bedürfnis nach „Einverleibung", d. h. nach Nahrung, quantitativer und qualitativer Zuwendung, vor allem nach Regelmäßigkeit und Stetigkeit. Daraus erwächst das Urvertrauen und es entsteht die Fähigkeit, Bedürfnisse aufschieben und warten zu können (Frustrationstoleranz). Das Kind erlebt sich als Mittelpunkt, auf den es alle Wahrnehmungen und Empfindungen bezieht. Es wird bestimmt durch die Oralität (Zentrierung auf den Mund) und den Saugreflex. Wärme, Zärtlichkeit, Wiegen, Umhertragen, in mittlerer Tonlage angesprochen werden, regelmäßige und stetige Versorgung – das alles braucht das Kind im ersten Lebensjahr. Die Intelligenz des Kindes ist sensumotorisch, d. h. es ist eingebunden in Empfindungen, Bewegungen und Reflexe. Es lebt gewissermaßen in einer gegenstandslosen Welt. Alle Empfindungen werden dem eigenen Körper zugeschrieben, und was nicht gefühlt, geschmeckt, gerochen oder gehört wird, existiert nicht. Etwa im Alter von sechs Monaten löst sich das Kind aus seiner Verschmelzung mit den Bewegungen und Empfindungen. Es lernt, sie mit Objekten zu verknüpfen und dadurch vom eigenen Selbst zu unterscheiden. Somit entsteht eine konstante, objektive, vom kindlichen Bewusstsein unabhängige Welt, der das Bewusstsein gegenübersteht. Am Ende des ersten Lebensjahres entwickelt das Kind die Autonomie. Die Kultur dieser Phase ist die mütterliche Kultur.

Die intuitiv-präoperationale Phase des ein- bis sechsjährigen Kindes: Das Denken der Ein- bis Sechsjährigen ist erstens intuitiv, d. h. von Gefühlen und Fantasiebildern beherrscht, und es ist zweitens präoperational, d. h. das Kind handelt nicht an der Wirklichkeit, sondern will sie durch seine Vorstellung verändern. Das bedeutet, es schafft mit seiner Fantasie Bilder, die es für wirklich hält und über die Wirklichkeit stellt. Es lebt in einer Fantasiewelt, nicht in der Realwelt. Die Wahrnehmung der äußeren Realität wird durch die Fantasie verzerrt. Diese Fantasie- und Vorstellungswelt übt darum auf das Kind eine gewaltige Macht aus. Es lebt unter dem Bann von Bildern, Geschichten, Träumen und Fantasien und schafft mit seiner Fantasie ständig Neues. Weil die Fantasiewelt für das Kind real erscheint, verknüpft es die Ereignisse nicht logisch, sondern magisch, d. h. vorgestellte Dinge und Ereignisse werden für wirklich gehalten. In dieser Zeit braucht das Kind den Umgang mit Bildern, Geschichten, schöpferischen Materialien, Handwerkzeug, Musikinstrumenten, Mal-Utensilien usw., um die schöpferischen Potentiale zu stärken. Sie werden ergänzt durch die Motorik und Raumeroberung. Roller und Lauf- oder Fahrrad sind wichtige Mittel dazu. Die Kultur dieser Zeit ist die elterliche Kultur. In ihr folgt auf eine Phase der analen Orientierung (1 bis 3 Jahre) die Zeit der kindlichen Sexualität (3 bis 6 Jahre), die außerordentlich stark ist. Das Mädchen bevorzugt den Vater und versucht manchmal die Mutter bei ihm zu verdrängen, der Junge hingegen liebt die Mutter. Allerdings richtet sich heute die Liebe der Kinder nicht mehr ausschließlich auf den gegengeschlechtlichen Elternteil, sondern auf beide. Junge und Mädchen brauchen darum die Zuwendung von Vater und Mutter, aber auch von väterlichen und mütterlichen Menschen ihrer Umgebung.

Die konkret-operationale Phase des 6- bis 12(14)-jährigen Kindes. Das Kind entwickelt jetzt das konkret-operationale Denken. Konkret heißt: Das Kind denkt noch nicht abstrakt, aber es folgt auch nicht mehr der Fantasie. Anschauung und Realität entscheiden über das, was real ist. Das Kind wechselt aus der Fantasiewelt in die Realwelt. Operational heißt: Das Kind fantasiert nicht mehr, sondern es handelt. Und es handelt in der Realität und an der Realität. Darum brauchen die älteren Kinder folgende Förderung:

- Handlungsraum. Das Kind will jetzt einen Sozialraum erobern, wobei es mit dem Fahrrad die unmittelbare Umgebung des Elternhauses oft verlässt.
- Handlungszeit. Kinder sollen den Eltern helfen, aber sie brauchen auch eigene Zeit, über die sie selber verfügen können.
- Handlungsmittel. Dies sind vor allem Handwerkzeug, Malutensilien, ein Fahrrad, Baukästen, Musikinstrumente, Erlebnis- und Sachbücher für Kinder und viele andere Gegenstände.

Jetzt kann das Kind auch in Ursache-Wirkungs-Zusammenhängen denken. Statt in magisch-ursächlichen Verknüpfungen zu denken, verbindet es Vorgänge und Erlebnisse miteinander auf konkreter Ebene. Aber es kann immer nur einen einzigen Kausalzusammenhang denken. Das Kind vermag nun zwischen Fantasie und Wirklichkeit zu unterscheiden. Die Wirklichkeit wird sortiert und klassifiziert, um sie sich aneignen zu können. Noch aber kann das Kind nicht in Systemen und logischen Abstraktionen denken. Es lebt in seinen Handlungen und in der konkreten Welt (naiver Materialismus). Sehr wichtig ist es in dieser Zeit, mit den Kindern vieles zu unternehmen: Abenteuer, praktisches Lernen und Tun, basteln, konstruieren, bauen, experimentieren; Geschichten mit Bildern anbieten, Musik, Hörspiele, Kurzvideos (über die dann gesprochen wird) usw.

In der späten Kindheit bevorzugen Jungen und Mädchen nicht mehr den gegengeschlechtlichen Elternteil, sondern den gleichgeschlechtlichen. Der Junge ahmt den Vater nach und identifiziert sich mit ihm, das Mädchen will wie die Mutter sein und identifiziert sich mit ihr. Hierdurch lernen beide ihre soziale Rolle als Junge und als Mädchen. Die Kultur dieser Zeit ist deshalb die rollenanerkennende Kultur.

Die *Wirkzeit* als kindliche Zeitform ist die Zeit, die dem Kind überhaupt zur Verfügung steht, um zu handeln und sich Wirklichkeit anzueignen. Es ist wichtig, dass das Kind genügend Zeit mit Freunden verbringt, mit denen es Abenteuer besteht. Es braucht Lesezeit, Bastelzeit, Zeit für Kreativität, Zeit zum Träumen usw.

Sozialer Raum und soziale Zeit sind allerdings auch die Sozialformen, in denen am Kind gehandelt wird, in denen es gefördert, erzogen und gebildet wird. Unter Umständen wird es aber auch geschädigt und missbraucht, denn das Fehlen eines Zeitbewusstseins ist für das Kind charakteristisch. Es lebt ganz im Augenblick und überschaut nicht die Konsequenzen und Zukunftsfolgen des Handelns. Es ist überdies klein und abhängig und darum vertrauensvoll. Das ermöglicht die Erziehung. Das Kind lässt sich von Erwachsenen, die es akzeptiert, führen – aber auch verführen.

2 Wunderwerk Kind

Kinder sind ein unbegreifliches Wunder (zum folgenden Noack 2010, S. 12–16). Schon ihre Entwicklung im Mutterleib ist wundersam. Nach der Geburt dirigiert das Gehirn alle Vorgänge des Wachstums und der Reifung. Darum wollen wir das Wunderwerk des kindlichen Gehirns betrachten. Das Gehirn des Ungeborenen entwickelt sich schon bis zum 5. Monat, und dies in unglaublicher Geschwindigkeit (zum Folgenden Rauch 2006, 29). Mehr als 500.000 Gehirnzellen (Neuronen) werden pro Minute gebildet. Entlang der Gliazellenstränge wandern sie vom Innern des Gehirns, wo sie entstanden sind, nach außen, um das Gehirn und namentlich die graue Hirnrinde zu bilden. Am Ende des vierten Monats sind alle wichtigen Gehirnstrukturen angelegt und die eigentliche Arbeit des Gehirns beginnt: Die Neuronen werden miteinander verknüpft. Das geschieht durch die Synapsen. Bis ins zweite Lebensjahr setzt sich die Neubildung dieser Synapsenverbindungen fort. Zu manchen Zeiten werden pro Sekunde 1,8 Millionen neue Synapsen gebildet. Diese Verknüpfungen entstehen nicht planmäßig, was aber nicht ins Gewicht fällt, denn das kindliche Gehirn löscht sehr schnell wieder aus, was nicht gebraucht wird. So werden in der frühen Kindheit bis zur Jugend täglich 20 Milliarden Synapsen gelöscht. Andererseits werden ständig Verbindungen stabilisiert, die sich als erfolgreich und notwendig erwiesen haben. Dies wirkt sich auf die Wahrnehmungsfähigkeit aus.

Vor der Geburt (ebd.) entwickeln sich zuerst Bewegungsreflexe sowie jene für Atmung, Kreislauf und Verdauung. Danach erst folgen die Fähigkeiten zur Wahrnehmung, zum Denken und Planen. Knapp 2 cm lange Embryonen sind bereits berührungsempfindlich. Schon bald entwickeln sich auch der Geruchs- und der Geschmackssinn. Das Ungeborene wird nicht nur mit der Nabelschnur durch die Mutter versorgt, sondern es trinkt auch bis zu 400 Milliliter Fruchtwasser am Tag. Ab der 24. Schwangerschaftswoche kann der Fötus hören. Jetzt ist die Verbindung zur Außenwelt hergestellt. Bei Neugeborenen hat man festgestellt, dass sie Vieles, was sie im Mutterleib eingeübt haben, noch wissen. Sie können z. B. atmen, schlucken, lächeln, weinen, die Stimme der Mutter und des Vaters erkennen und sich an Musik erinnern.

Das Gehirn eines jeden Menschen besteht aus etwa 100 Milliarden Gehirnzellen (Textor 2008). Jedes Neuron hat bis zu 10.0000 Synapsen, die Informationen zu anderen Neuronen vermitteln. Schon vor der Geburt entwickelt der Fötus unzählige Neuronen; sein Gehirn ist also schon intensiv tätig. Bei der Geburt werden aber viele Gehirnzellen wieder abgebaut, so dass jedes Kind mit circa 100 Milliarden Neuronen geboren wird. Allerdings sind diese kleiner als bei Erwachsenen und weniger miteinander vernetzt.

In den ersten drei Lebensjahren (ebd.) nimmt die Zahl der Neuronen zu, bis etwa 200 Milliarden vorhanden sind, die wiederum bis zu 200 Billionen Synapsen ausgebildet haben, die auch bis zur Pubertät erhalten bleiben. Das Gehirn eines drei- bis zwölfjährigen Kindes kann deshalb zweimal so aktiv sein wie das eines Erwachsenen. Für die Ausbildung und Stabilisierung der Synapsenverbindungen braucht das kindliche Gehirn eine große Zahl von Neurotransmittern, wodurch der Glukoseverbrauch (Traubenzucker) doppelt so hoch ist wie der eines Erwachsenen. Das müssen Eltern bei der Ernährung ihrer Kinder beachten. Gleichzeitig nimmt die neuronale Geschwindigkeit bis zum Jugendalter um das 16-fache zu. Erst gegen Ende der Kindheit reduziert sich die Zahl der Synapsen wieder auf 100 Billionen, was der Anzahl an Synapsenverknüpfungen im erwachsenen Gehirn entspricht.

Die 200 Billionen Verknüpfungen (ebd.) der 200 Milliarden Neuronen des Kindes entstehen entweder chemisch durch Neurotransmitter (Serotonin, Dopamin, Adrenalin, Oxytozin usw.) oder elektrisch durch positiv oder negativ geladene Atome und Moleküle. Dafür bedarf es ungeheurer Energiemengen. Bei Erwachsenen sind es 18% des Energiebedarfs, bei Kleinkindern sogar 50%. Außerdem benötigt das Gehirn etwa 25% des aufgenommenen Sauerstoffs. Das bedeutet, dass Kinder eine vollwertige und kalorienreiche Ernährung sowie viel Bewegung an der frischen Luft brauchten.

Warum bilden die Kinder mit drei Jahren doppelt so viele Neuronen und Synapsen aus wie die Erwachsenen (ebd.)? Sie ermöglichen die ungeheure Plastizität des Gehirns, seine unglaubliche Lerngeschwindigkeit und Anpassungsfähigkeit. Das erklärt, warum jedes Kind in der Lage ist, in einer jeden Kultur enkulturiert, sozialisiert und personalisiert zu werden. In den ersten Lebensjahren kann das Kind darum die Lebensstile, Kulturinhalte, Verhaltensweisen sowie seine Alltags- und Lebenswelt (kennen-)lernen. Die für die jeweilige Umwelt nicht benötigten

Synapsen werden abgebaut, die notwendigen hingegen verstärkt, oder es werden hierfür neue gebildet, und dies bis ins hohe Alter.

Es gibt nach Textor (ebd.) gewisse Entwicklungsfenster. So werden Synapsen zu bestimmten Zeiten überproduziert. Beispielsweise wird in den Hinterhauptlappen (visuelle Wahrnehmung) die höchste Dichte der Synapsen in den ersten Lebensmonaten erreicht; das Planen von Handlungen, das Urteilsvermögen und die Aufmerksamkeit, die ihren Ort in den Stirnlappen haben, werden dagegen erst zwischen dem dritten und sechsten Geburtstag aktiviert. Wichtig ist die Kenntnis der Entwicklungsfenster, weil in diesen Phasen das entsprechende Vermögen des Kindes ausgebildet wird, später ist das nur noch unter Schwierigkeiten möglich. So erlernt das Kind jede beliebige Sprache bis zum 7. Lebensjahr, danach bereitet das Lernen von Fremdsprachen Mühe.

Die wichtigsten Entwicklungsstufen des Gehirns sind nach Textor wohl folgende:

1) Erst *zwischen drei und vier Jahren* kann sich das Kind an Erfahrungen und Erlebnisse erinnern. Deshalb gibt es nur begrenzt Erinnerungen an die ersten vier Lebensjahre und auch nur wenige an das fünfte und sechste.
2) Erst *im Alter von vier Jahren* wird das gesamte Gehirn als Netzwerk hergestellt. Dadurch wird das Kind klüger. Es kann zwischen Fantasiewelt und Realität unterscheiden; es erkennt, dass andere Personen anders denken und fühlen und erkennt unterschiedliche soziale Rollen.

3) *Mit sechs Jahren* lernt das Kind, die eigenen Gefühle zu beherrschen und Bedürfnisse aufschieben zu können. Es vermag nun konzentriert und zielgerichtet zu lernen. Außerdem kann das Kind nun einfache Ursache-Wirkungs-Zusammenhänge erkennen. Es lernt zu denken, zu urteilen, zu rechnen und sich vorhersehbar zu verhalten.
4) *Zwischen sechs und zwölf Jahren* dehnt sich die graue Gehirnsubstanz aus, die für die Bewusstheit des Menschen verantwortlich ist. Dadurch werden die Sprachfähigkeit und das räumliche Vorstellungsvermögen vervollkommnet. Außerdem beginnt das Gehirn im Alter von zehn Jahren, nicht benötigte Synapsen abzubauen und wichtige zu verstärken. Mit dem Beginn der Pubertät ist die Zahl der Synapsen endgültig verringert.

Solche Kenntnisse sind wichtig. Denn das Wunderwerk Kind kann mit seinen 200 Milliarden Neuronen und 200 Billionen Synapsen alles lernen. Vor allem können jetzt die Strukturen gelegt werden, die über die geistige, gefühlsmäßige und soziale Lebenswelt des Erwachsenen entscheiden. Wenn z. B. ein Kind zweisprachig aufwächst, kann es später viel leichter weitere Fremdsprachen lernen. Je vielfältiger und breiter sich das Gehirn in der Kindheit als Netzwerk ausdehnt, umso vielfältiger werden auch die Interessen im späteren Leben sein.

Mit dem Eintritt der *Pubertät* beginnt eine Zeit der radikalen Veränderungen. Die Pubertät stellt den Jugendlichen vor folgende Herausforderungen: (1) Die Hälfte seiner Neuronen und

Synapsen muss er löschen, die andere Hälfte muss er neu ordnen, indem er sie vergisst, umwandelt oder behält. (2) Gleichzeitig reifen seine Sexualorgane zur vollen Funktionsfähigkeit heran, und er wird von Sexualhormonen überschwemmt. Die zweite Streckung (die erste geschah mit etwa einen Jahr) lässt ihn in die Höhe schießen, wodurch die bisherige innere Gestalt mit der neuen äußeren nicht harmoniert; daher rührt seine Unbeholfenheit. (3) Seine Kindheit ist „nicht mehr" und das Erwachsensein „noch nicht". Diese Identitätsdiffusion, diese noch verschwommene Identität, macht ihn unsicher und verletzlich. Erst im Alter von 16 Jahren festigen sich allmählich die Vorstellungen, wer er ist, und wer er werden will. (4) Die neue Fähigkeit seines Gehirns ist das synthetisch-konventionelle Denken. Er kann jetzt formal-operational denken, d. h. in logischen Ketten, in Abstraktionen und Hypothesen. So schafft er sich ein erstes rationales Weltbild. Dies jedoch besteht auf Grund seiner noch unabgeschlossenen Bildung aus wenigen Elementen. Diese werden zu einem widerspruchsfreien logisch zwingenden System zusammengesetzt und für wahr gehalten. Das Problem ist, dass dieses Weltbild die Fülle der Wirklichkeit ausschließt. Die Vereinfachung macht den Jugendlichen anfällig für Ideologien und extreme Religionen. (5) Seine Identität bedarf immer noch der Einbindung in Beziehungen. Sie kann er noch nicht autonom als Person zu einer anderen Person eine wechselseitige Beziehung aufbauen. Vielmehr ist seine Identität ein zwischenmenschliches Selbst. Es ist ein Sein in der Beziehung. Darum braucht er Freunde, um sich in ihnen spiegeln zu können. (6) Die Bindung an die Eltern bleibt bestehen und vertieft sich in den folgenden Lebensjahren bis zum 25. Geburtstag.

In diesen Jahren übernehmen sie den Lebensstil der jeweiligen gegenwärtigen Jugendkultur, aber sie halten sich gleichzeitig an die Werte der Eltern. Dies ist für Eltern wichtig zu wissen. Der moderne Lebensstil ihrer Kinder bedeutet nicht, dass sie beliebig leben, sondern dass die sittlichen Werte ihrer Eltern ihnen wichtig sind und sie sich an sie halten.

Um unsere Kinder verstehen zu können, müssen wir ihnen altersgemäß begegnen.

3 Die Familienatmosphäre

Die sechs Merkmale einer gesunden Familienatmosphäre, die ich für wichtig halte und die ich darstellen möchte, entsprechen einer Alltagspädagogik und sind keineswegs als vollständig aufzufassen. Aber die Familienatmosphäre ist prägend für Eltern wie Kinder. Sie entscheidet darüber, wie das Kind und später der Jugendliche seinen Weg in die Gesellschaft finden, über die Art des Lebenssinnes, über die Lebenslinie und über das Lebensziel der Kinder.

Emotionale Wärme und Zuwendung: Zärtlichkeit, Wärme, Zuwendung, das Gefühl der Wertschätzung, die Gewissheit, angenommen und gewollt zu sein und zum Familienganzen dazuzugehören, sind entscheidend für die gesunde Entwicklung der Familienangehörigen. Es entsteht ein Klima von gegenseitiger Annahme, Wertschätzung und der Gewissheit, einen sicheren Platz in der Welt zu haben. Solche Gefühle müssen allerdings auch gegenseitig mitgeteilt und durch gemeinsames Handeln und Erleben erfahrbar werden.

Mittlere Lenkung vermeidet das zwangsorientierte (direktive) wie auch das erlaubende (non-direktive) Elternverhalten. Lenkung allerdings brauchen die Kinder, um Verhaltenssicherheit erwerben zu können. Das Vorschulkind besitzt ja kein Zeitbewusstsein und kann die Zukunft nicht planen. Es braucht

Lenkung. Die mittlere Lenkung verneint alle Oben-Unten-Strukturen. Weder dürfen die Eltern die Oben-Position einnehmen und die Kinder die Unten-Position, wie in der autoritärharten Erziehung oder der überbehütenden Erziehung (overprotection), noch dürfen die Kinder die Oben-Position erringen und die Eltern auf die Unten-Position verweisen, wie es in der verwöhnend-weichen oder der verwöhnend-vernachlässigenden Erziehung oft der Fall ist. Vielmehr vertritt die mittlere Lenkung das Ideal einer wachsenden gleichwertigen Partnerschaft zwischen Eltern und Kindern, in der Eltern und Kinder auf gleicher Ebene miteinander kommunizieren und gemeinsam handeln.

Einsicht und Freiwilligkeit entscheiden darüber, ob die Familienatmosphäre ein Mikrokosmos von Freiheit ist, in dem jeder tut, was notwendig ist. *Einsicht* beim Kind erreichen Eltern dadurch, dass sie das Normensystem der Kinder durch kontinuierliches Alltagsverhalten prägen: Bei jedem Gebot oder Verbot und bei jeder Verhaltensanweisung halten die Eltern vier Schritte ein:

1) Verständnis zeigen für das Verhalten des Kindes,
2) Verbot, Gebot, Verhaltensanweisung,
3) eine kurze Erklärung der Elternnormen,
4) eventuell ein Kompromissangebot.

Eltern können beispielsweise zum Jungen, der im Wohnzimmer mit dem Fußball spielt, sagen: Ich kann verstehen, dass du in der Wohnung spielen willst, weil es draußen regnet. Aber im Wohnzimmer ist das nicht möglich, weil die Bodenvase entzwei gehen kann. Du kannst im Flur mit dem leichten Ball spielen.

Freiwilligkeit erreichen wir, wenn Kinder von klein auf helfen dürfen, nämlich wenn sie es noch gerne tun, und zwar das, was sie selbst zu tun wünschen, nicht das, was von den Eltern gefordert wird. Auf diese Weise gewinnen wir ohne Druck ihre Mitarbeit.

Reversibilität meint die Umkehrbarkeit der Beziehungen. Eltern- und Kinderverhalten ergänzen sich gegenseitig: Die Eltern leben den Kindern vor, was sie von ihnen erwarten, die Kinder hingegen haben – altersgemäß – dieselben Rechte und Pflichten wie die Eltern. Das Prinzip dieser Reversibilität schränkt einerseits die Elternrechte ein, andererseits aber ist sie ein wirksames Erziehungsmittel, da ja die Kinder verpflichtet werden, sich auf die gleiche Weise wie die Eltern zu verhalten. Ebenso schenkt die Reversibilität den Kindern einerseits viel Freiheit, bindet sie aber zugleich ein in die Pflichten der Familie.

Das Elternvorbild ist notwendig für das Nachahmungs-Lernen. Kinder verinnerlichen (introjizieren und internalisieren) zwischen dem sechsten Geburtstag und dem Beginn der Pubertät alle Werte, Normen und Verhaltensmuster der Eltern, die für sie die höchste Autorität darstellen. Eltern haben deshalb die Verantwortung, aber auch die Chance, ihre Kinder sozial-integrativ zu erziehen und sie als Sozialpersonen in die Gesellschaft einzuführen.

Ermutigung statt Entmutigung schließlich ist nach Alfred Adler der Schlüssel zu gesundem (Ermutigung) oder neurotischem (Entmutigung) Verhalten (Ruthe 1988, S. 41–67). Kinder brauchen ständige Ermutigung. Falsche Ermutigung wäre, wenn wir unberechtigt loben. Wir ermutigen unsere Kinder, wenn ihnen etwas gelungen ist. Dabei sagen wir nicht, „was bist du für ein kluges Kind“, sondern „das ist Dir wirklich gut gelungen“. Wir loben also nicht das Kind (was zur Verselbstung führen könnte), sondern sein Werk. Vor allem sagen wir ihnen immer wieder, wie sehr wir sie lieben und dass sie für uns das Wichtigste auf der Welt sind (was in der Realität auch stimmen muss).

Ermutigen bedeutet:

- Das Kind anzunehmen, wie es ist, nicht wie die Eltern es haben wollen.
- Eine Gesprächsform zu wählen, die das Selbstwertgefühl und das positive Selbstbild des Kindes stärken.
- Die vielfältigen Anlagen im Kind zu fördern.
- Dem Kind Gelegenheit zu Erfolgen zu verschaffen.
- Die Kreativität des Kindes zu fördern.
- Ermutigung bedeutet, Person und Sache zu trennen. Das kann bedeuten, dass das Kind zwar abzulehnende Handlungen tut, aber nicht böse ist.
- Ermutigung bedeutet, die falschen Ziele des Kindes zu kennen, wenn es z. B. durch ein bestimmtes Verhalten Aufmerksamkeit erregen will, um dadurch ein Ziel zu erreichen (vgl. unten). Sozialintegrative Erziehung wird solchen falschen Zielen vorbeugen, damit die Kinder nicht entmutigt werden.
- Ermutigung beinhaltet die Veränderung falscher Überzeugungen und Verhaltensmuster. Das sind die negative Bewertung von Erlebnissen, Beziehungen und Leis-

tungen, weiterhin Selbstüberschätzung oder Selbstunterschätzung sowie negative Gefühle usw. An ihrer Stelle wird positives, realistisches Verhalten eingeübt.

- Ermutigung schließt auch ein, Lücken, Fehler und Mängel zu bejahen. Kinder müssen lernen, genau und fleißig, aber nicht perfekt zu sein. Die Wirklichkeit ist unscharf und versehen mit einem Quantum von Ungenauigkeit, wodurch sie täglich tausend Lücken bereithält. Dies müssen Eltern und Kinder einsehen, um zwangsneurotische Orientierungen zu vermeiden. Die Formel „Alles oder Nichts“ ist für das Leben untauglich.
- Ermutigung bedeutet, dem Kind Gelegenheit zu geben, Selbstständigkeit, Initiative und Freude am Lernen und Handeln zu entwickeln.
- Ermutigung führt zur Selbständigkeit der Familienmitglieder und verbietet hierarchische Familienstrukturen.
- Ermutigung ist ebenso ein Mittel gegen Resignation, Verzagtheit, Traurigkeit, Selbstmitleid und andere depressiv orientierte Gefühlszustände. Mut fürchtet nicht die Wirklichkeit mit ihren Misserfolgen, sondern trotzt ihr mit der Macht des Geistes.
- Ermutigung heißt, an das Kind zu glauben. Dies schließt Kinder und Eltern darin zusammen, an das Gute im anderen zu glauben, an seine Veränderbarkeit und an seine Wachstumsfähigkeit.
- Ermutigung heißt schließlich, dass die Eltern selbst ermutigt sind. Nur wenn ich selbst ermutigt bin, kann ich andere ermutigen. Das bedeutet, ich baue auf die guten Seiten der Familienmitglieder.

Die Folgen von Ermutigung und Entmutigung sind von so weitreichender Bedeutung für das Familienklima, dass sie näher erläutert werden müssen. Folgende Verhaltensweisen entwickeln Personen bei *Entmutigung* (Dreikurs, Blumenthal 1994, S. 19–107):

1) *Aufmerksamkeit erregen, Mittelpunktstreben:* Ist die Person nur wenig entmutigt, dann überkompensiert sie und versucht, mit unangemessenen Mitteln beachtet zu werden. Dies kann aktiv-konstruktiv geschehen durch musterhaftes, angepasstes Verhalten. Es kann aktiv-destruktiv in Erscheinung treten durch Unbeständigkeit, Unzuverlässigkeit, die Wahl negativer Rollen und unangepasstes Verhalten. Passiv-konstruktive Methoden sind der Versuch, durch Charme, Eitelkeit, „sexy" Aussehen usw. Einfluss zu erzielen. Schließlich bedeutet die passiv-destruktive Methode, durch Schüchternheit, Unselbständigkeit, übermäßige Unordnung, oberflächliches Verhalten und einen verantwortungslosen Umgang mit Beziehungen und Handlungen die Aufmerksamkeit zu erzwingen.
2) *Macht und Überlegenheit erstreben, zeigen, wer der Stärkere ist:* Wenn das Kind die Unten-Position innehat, wählt es entweder direkte oder indirekte Machtmittel. Direkte Machtausübung äußert sich in Trotz, aktivem Ungehorsam oder sogar Aggression gegen die Eltern und Geschwister. Die passive Machtausübung zeigt sich in Ungehorsam, Eigensinn, Wutausbrüchen, Gewohnheiten, die die Eltern ablehnen,

Krankheiten oder auffälligen Verhaltensweisen (Stottern, Nägelkauen), Unaufrichtigkeit, Ausreden erfinden, Trödeln, Schreien, Weinen, Widerspruch. Wir beobachten also Überkompensationen vielfältiger Art. Damit bricht das Kind die Kommunikation und die Zusammenarbeit ab, und das System Familie ist ernsthaft gestört.

3) *Widervergeltung und Rache:* Wenn das Kind in dieser Phase bereits sehr stark entmutigt ist, fühlt es sich häufig unfair behandelt, missachtet und verletzt. Darum beabsichtigt es, teils bewusst, teils unbewusst, anderen und sich selbst zu schaden. Dies kann sich äußern in Selbstschädigungen, Selbstverletzungen usw., aber auch darin, die Eltern zu bestehlen, Gewalt gegen die Eltern und Schwächere auszuüben, indem sie schlagen, kratzen, andere mit verletzenden Ausdrücken beschimpfen, Gegenstände anderer beschmutzen und zerstören usw. Solche Kinder rächen sich an jedermann, und nicht nur an denen, die ihnen, wie sie empfinden, Schmerz zugefügt haben, sondern auch an den geliebten Menschen. Sie meinen, dass alle sie ablehnen und provozieren sie so lange, bis sich die anderen Personen zur Wehr setzen. Damit stellen sie jene Wirklichkeit her, die sie in ihrer Meinung bestätigt, alle seien gegen sie. So „machen“ sie ihre Erfahrungen. Wir sehen eine ausgeprägte Dekompensation.

4) *Unfähigkeit zur Schau stellen, Inanspruchnahme anderer:* Hier ist die Entmutigung bereits so weit fortge-

schritten, dass die Person stark dekompensiert: Alle Versuche, Aufmerksamkeit zu erregen oder durch Machtkämpfe Bedeutung zu gewinnen, sind gescheitert. Das Kind (auch Erwachsene können bei großer Entmutigung so reagieren) ist so entmutigt, dass es völlige Passivität entwickelt. Es will in Ruhe gelassen werden, vermeidet jeden Beitrag zur Familienkultur und will auf diese Weise jeder Demütigung und jedem Versagen aus dem Weg gehen. Stillstand und Rückzug prägen diese Dekompensation.

5) *Flucht vor der Realität:* Alfred Adler kennt noch eine fünfte Reaktionsweise auf übergroße Entmutigung (Adler 1991, S. 159) – die Flucht vor sich selbst und vor der Realität in Fantasiewelten. Diese Personen zeigen unangemessene, fluchtorientierte Reaktionen, wie übergroßer unangemessener Ängste, Furcht vor Versagen, Furcht vor dem neuen Tag und der Zukunft; an die Stelle der Hoffnung (der amor futuri) tritt die Verzweiflung (die timor futuri). Ebenfalls haben sie Angst vor Verlust und klammern sich entweder an den einen Menschen, den sie haben, und reagieren mit Eifersucht, oder sie meiden Bindungen, um nicht Gefahr zu laufen, sie zu verlieren. Die Aggression richtet sich gegen sie selbst in grollender Traurigkeit, unbestimmtem, diffusen Leiden an sich selbst, an der Menschheit und der Welt und in der Flucht vor Liebe. Sie leiden nicht nur, sondern lassen auch die anderen leiden. Frei schwebende Ängste lassen sie die Realität meiden, sie fliehen in Schein- und

Fantasiewelten. Sie leben vom Willen zum Schein. Daraus können sich später angstneurotische und schizoide Tendenzen entwickeln.

Wenn Kinder solche Verhaltensweisen zeigen, sind sie nicht böse, sondern *entmutigt*. Eltern müssen ganz behutsam und langfristig ihren Kindern Mut machen, indem sie ihnen Aufgaben geben, die sie erfüllen können und sie dann loben. Gleichzeitig werden sie in Gemeinschaften eingeführt, denn je stärker das Gemeinschaftsgefühl ist, desto geringer ist das Machtstreben.

Im Gegensatz zur Entmutigung mit ihren neuroseorientierten Reaktions- und Verhaltensweisen steht die *Ermutigung*. Wexberg hat fünf Merkmale der Ermutigung dargestellt, denen ich den Lebensmut hinzufügen möchte (Wexberg 1974, S. 83ff.):

1) *Realitätssinn:* Dies ist die Fähigkeit, Objekte (d. h. Dinge und Personen) und Beziehungen zwischen den Objekten so zu sehen, wie sie unabhängig vom unmittelbaren eigenen Interesse existieren; es ist also die Fähigkeit zur Objektivität, die Personen und Dinge so wahrzunehmen und zu beurteilen, wie sie sind, und nicht, wie ich sie wünsche; zugleich ist es die Fähigkeit, das eigene Ich dem Sachlichen unterzuordnen.
2) *Lebenskonsequenz und Fähigkeit zur Realitätsprüfung:* Lebenskonsequenz bedeutet zunächst, dass die Person den Mut hat, die Realität anzuerkennen, ungeachtet eigener Wunschvorstellungen. Dabei erkennt sie auch widerständige Realitäten an, die sie zu Ende denkt und entsprechend handelt. Vor allem aber bedeutet Lebenskonsequenz, die Folgen des eigenen

Handelns, bezogen auf Umstände und Verhältnisse rational-final und in Bezug auf Mitmenschen sozial-final durchdenken und beurteilen zu können. In der Realität haben alle Handlungen Folgen, und diese gilt es richtig einzuschätzen. – Die Realitätsprüfung hat zwei Seiten, sie prüft zum einen die Realität auf Realität. Was uns begegnet und was uns von anderen Menschen oder von den Medien als Realität dargestellt wird, müssen wir auf seinen Wahrheitsgehalt hin prüfen. Die andere Seite der Realitätsprüfung hat die Funktion, Bewusstseinsinhalte auf ihre Realität hin zu prüfen. Neurotisch orientierte Personen beurteilen nicht nur die Realität falsch, sondern auch die eigene Innenwelt. Sie meinen, ihre inneren Ideen seien richtig. (Beispielsweise glaubt ein depressiver Mensch, alle Menschen würden ihn meiden.) Und gleichzeitig verändern sie das Bild der Wirklichkeit aufgrund ihrer falschen inneren Vorstellungen. Im Gegensatz dazu ist die gut funktionierende Realitätsprüfung ein Merkmal seelischer Stabilität.

3) *Die Bereitschaft zur Leistung:* Hierunter ist die Hingabe an die Arbeit als ein Aus-sich-herausgehen zu verstehen, was nur der wagt, der ein positives Selbstbild und Zutrauen zu sich selbst besitzt. Dabei ist zu beachten, dass es bei der Bereitschaft zur Leistung nicht um die Pflichtidee geht, oder sogar um zwangsneurotisch orientierte Pflicht- und Anpassungsvorgänge, sondern um Freude und Sinnfindung in der Arbeit.

4) *Hingabefähigkeit:* Der ermutigte Mensch kann, wie schon gesagt, aus sich herausgehen, sich an eine Aufgabe, an andere Menschen und ihre Werke in Kunst und Kultur, an die Natur, ja an den Kosmos hingeben. Hingabefähigkeit ist ein Heilmittel gegen das Gottähnlichkeitsstreben des Machtmenschen, und sie übt in das Gemeinschaftsgefühl ein.
5) *Verantwortungsbereitschaft:* Der ermutigte, gemeinschaftsorientierte Mensch trägt Verantwortung für all sein Denken, Tun, Vorstellen und Empfinden unter Wahrung der eigenen Autonomie und Individualität. Dabei übernimmt er Verantwortung sowohl für sich selbst und seine Lebensgestaltung als auch für alles, was in den Umkreis seines Wissens und Könnens fällt. Der verantwortungsvolle Mensch will nicht die Welt verändern, den Menschen überall auf der Erde helfen (dies ist im engen Rahmen auch möglich), sondern er übt Verantwortung in seinem Umfeld.
6) *Lebensmut:* Der ermutigte Mensch ist optimistisch und traut sich die Lösung seiner Lebensaufgaben Liebe, Arbeit, Gemeinschaft und Lebensgenuss zu. Er entwickelt Eigenschaften wie Mut, Offenheit, Verlässlichkeit, Vertrauen und Sozialverhalten.

Ermutigung eröffnet eine Lebenslinie, die ein erfolgreiches, glückliches und gesundes Leben ermöglicht.

4 Die Erziehungsgrundsätze

Wir wollen sechs Erziehungsgrundsätze im Anschluss an die Individualpsychologie Adlers (vgl. Dreikurs, Soltz 1966/2009) entwickeln.

Ermutigung: Sie ist nicht nur konstitutiv für die Familienatmosphäre, sondern hat auch eine zentrale Bedeutung für die Erziehung überhaupt. Zunächst müssen sich die Eltern gegenseitig ermutigen, denn nur ermutigte Eltern können ihren Kindern Lebensmut vermitteln. Ermutigen bedeutet in der Familie lobende, achtungsvolle und Zuneigung ausdrückende Kommunikation und gegenseitig anerkennendes gemeinsames Handeln. Neben den täglichen Oberflächengesprächen sind immer wieder altersgemäße Tiefengespräche zum Austausch von Gedanken und Gefühlen notwendig. Dafür bedarf es Zeit. Ehepaare sollten sich ständig klar machen, dass sie das Wertvollste auf der Welt füreinander sind und dass die Kinder den höchsten Wert darstellen.

Was aber tun, wenn das Kind entmutigt ist? Und auch in stabilen Familien bleiben Entmutigungserfahrungen nicht aus: Die Eltern können kurzzeitig übermächtig in der Oben-Position auftreten, Spiel- und Schulkameraden drängen das Kind an den Rand, und auch die Macht der Realität kann das Kind immer wieder entmutigen.

Wenn das Kind (1) danach trachtet, Aufmerksamkeit zu erregen und im Mittelpunkt zu stehen, dann sollten Eltern dies nicht beachten, aber dem Kind zu anderer Zeit vermehrte Zuwendung geben. Strebt das Kind (2) um Überlegenheit und Macht, will es zeigen, dass es stärker ist als die Eltern und Geschwister, müssen sich die Eltern vom Machtkampf zurückziehen. Andererseits ist es wichtig, mit dem Kind zu sprechen, um den Grund für seinen Kummer und seine Wut herauszufinden und es zu ermutigen. Ist das Kind (3) auf dem Wege, Dinge zu zerstören und sich und anderen Personen Schaden zuzufügen, dann wissen wir, dass es Vergeltung und Rache übt. Es ist bereits so entmutigt und verletzt, dass es dekompensiert. Jetzt gilt es, dies alles nicht zu dramatisieren, auch das Kind nicht zu bestrafen, sondern es bewusst durch Ermutigung neu aufzubauen. Wenn das Kind (4) seine Spiellust verliert, keine Pflichten übernimmt, sich zurückzieht und weinerlich wird, statt dessen aber die Hilfe anderer in Anspruch nimmt, dann ist das Kind so sehr entmutigt, und es dekompensiert so stark, dass die Eltern einen Therapieplan zur Ermutigung des Kindes aufstellen müssen. Schließlich gibt es (5) Kinder, die nur noch träumen, völlig passiv sind, ständig kränkeln und weinerlich sind. Solche Symptome zeigen, dass das Kind krank ist, dass es sich bereits der Realität entzieht und in Fantasien lebt. Jetzt gilt es noch mehr, das Kind therapeutisch zu ermutigen. In beiden Fällen der starken Dekompensation sollten die Eltern jedoch auf die Entmutigung des Kindes nicht spiegelbildlich reagieren, sondern sich so verhalten, als könne das Kind seine Aufgaben erfüllen. Wichtig ist, dass wir die Kinder achten, ermutigen und ihre Fehler nicht kritisieren, sondern verringern.

Strafen vermeiden: Als ein wichtiges Instrument in der Erziehung galt früher – und gilt teilweise heute noch – die Strafe als ein System von Bestrafung und Belohnung. Aber beides sollte in einer sozialintegrativen Erziehung vermieden werden. Denn nicht nur bei der Bestrafung, sondern auch bei der Belohnung entsteht eine Oben-Unten-Beziehung, die in der partnerschaftlichen Erziehung unterlassen werden sollte. Belohnungen bringen immer anspruchsvollere und ich-bezogenere Reaktionen hervor, während Bestrafungen Entmutigung, Groll, Trotz und Rachefantasien produzieren. Die Eltern sollen fest sein, ohne zu herrschen.

Nun sind in der Erziehung erzieherische und strafende Maßnahmen notwendig. Die Frage ist nur, wer bestraft. Und da lehrt die sozialintegrative Erziehung, dass es nicht die Eltern sind, die strafen, sondern die Realität ist es. Kinder lernen aus den Folgen ihres Handelns. Zerstört beispielsweise das Kind ein Spielzeug, dann erhält es innerhalb einer angemessenen Zeit kein neues. Wenn es etwas „stiehlt", muss es die Ware selbst zurückbringen oder vom eigenen Taschengeld bezahlen. (Kinder sollen ab einem Alter von zwei Jahren Taschengeld erhalten.) Wenn das Kind die Folgen seines Handelns spürt, dann lernt es die Macht der Realität kennen. Es wird gleichsam von der Realität bestraft und nicht von den Eltern. Das Kind-Eltern-Verhältnis bleibt unbelastet. Das Kind erfährt, dass alle Handlungen Folgen haben. Natürlich lassen die Eltern die Kinder nicht alle Folgen tragen. Zum einen dürfen es nur harmlose, nichtschädigende Folgen sein und zum anderen sollten die Eltern nur zwei oder drei Erziehungsfelder auswählen, in denen das Kind die Realitätsfolgen lernt.

Wichtig ist es auch, Kinder so zu erziehen, dass Strafen unnötig sind. Das beginnt damit, dass wir den Kindern nur solches Spielzeug und Werkzeug kaufen, das stabil ist (am besten Erwachsenenwerkzeug aus dem Baumarkt) und nicht während eines heftigeren Spiels entzwei geht. Wenn Kinder ins „Kokelalter" kommen, verbieten wir nicht den Umgang mit Streichhölzern und z. B. Kerzen, sondern üben mit ihnen, wie sie gefahrlos mit Feuer umgehen können. Auch bietet die Herdplatte keinen Anlass zu einer Gefahr, dass sich das Kind verbrennt. Mit dem Herd zu spielen, mögen viele Kinder. Wenn aber Junge und Mädchen der Mutter beim Kochen helfen, lernen sie mit Elektrizität umzugehen. Oder das Verhalten im Verkehr: Schon früh haben Kinder ein Fahrrad; schon Zweijährige fahren mit ihrem Dreirad oder Laufrad. Darum werden wir ihnen die Verkehrsregeln bei jedem Fahren erklären. Wichtig ist, dass wir Eltern ein Vorbild sind. Wenn z. B. die Ampel noch rot ist, und die Eltern gehen über die Straße, weil kein Auto kommt, ist das ein sehr schlechtes Beispiel für die Kinder. Sie denken, so genau muss ich die Verkehrsregeln nicht einhalten. Die Erziehungsregel heißt also, nicht verbieten, sondern unterrichten.

Verhaltenssicherheit: Die Kinder sind nur dann glücklich und produktiv, wenn sie sichere Maßstäbe für ihr Verhalten haben und ihre Grenzen kennen, d. h. was sie dürfen und was nicht. Drei Ordnungen scheinen mir wichtig zu sein:

- die Raumordnung
- die Zeitordnung
- die Beziehungsordnung

Zur *Raumordnung* ist zu sagen, dass Kinder sich in der Unordnung nicht wohl fühlen. Andererseits besitzen die Kinder heute so viele Spielsachen, dass Ordnung zu halten sich als unmöglich erweist. Darum haben wir unseren Kindern oft beim Aufräumen geholfen. Ein Kompromiss könnte sein, dass das Kinderzimmer ein Sozialraum des Kindes ist, das seiner Verantwortung unterliegt, und der auch unordentlich sein kann. In den Sozialräumen der Eltern und der Familie hingegen müssen die Kinder ein Mindestmaß an Ordnung halten.

Neben die Raumordnung tritt die *Zeitordnung*. Kinder brauchen ein Zeitgefühl und eine variable, den Familienstrukturen angemessene Zeiteinteilung. Auf diese Weise kann das Kind lernen, zukunftsgerichtet zu denken, vorausschauend zu planen und die „aufschiebende Belohnung" zu erlernen. Das bedeutet, dass es zugunsten späterer besserer Belohnungen auf Augenblicksbefriedigungen verzichtet. Beispielsweise kauft sich das Kind von seinem Taschengeld nicht Süßigkeiten oder irgendwelche Spielsachen, sondern es spart, um ein Fahrrad zu erwerben. (Den Kauf werden die Eltern bezuschussen.) Auch der Besuch des Gymnasiums und ein späteres Studium bedeuten eine aufschiebende Belohnung, weil sie auf das Geldverdienen zugunsten eines künftigen besseren Berufes verzichten.

Schließlich ist die *Beziehungsordnung* wichtig. Das Kind lernt, dass es in einem Netzwerk von Beziehungen lebt, und dass Kommunikationen, Zusammenwirken und Beziehungen doppelseitig sind, wobei jede Person einen Rechtsbereich besitzt, der zu dem eigenen in Beziehung gesetzt werden muss. So lernt das Kind, Rücksicht zu nehmen und die Rechte anderer zu achten, aber auch eigene berechtigte Bedürfnisse durchzusetzen.

Sozialintegrative Verhaltensmuster: Die Grundstruktur einer Familie sollte sozialintegrativ, d. h. gemeinschaftsorientiert sein. Es ist ein gutes Mittel, Gemeinschaftsfähigkeit zu lernen, wenn alle Familienmitglieder im Sinne der Reversibilität gleich behandelt werden. Weiterhin dient diesem Ziel die Herausbildung einer Familienkultur, die dadurch entsteht, dass die Familie Schönes miteinander erlebt, gemeinsame Pflichten erfüllt, Familienfeiern begeht, gemeinsam liest, musiziert, malt, modelliert, bastelt, spielt usw. Ebenso hilfreich ist ein Familienrat (Gordon 1991). Solch eine Familienkonferenz kann informell sein, wenn die Familienmitglieder beispielsweise abends vor dem Schlafengehen vom Tag berichten, über Probleme, Freuden, Pläne erzählen usw. Wir können jedoch bei wichtigen oder gar schwerwiegenderen Problemen eine formale Familienkonferenz periodisch und kontinuierlich einberufen, um Probleme aufzudecken und zu bearbeiten und die Beziehungen zwischen Eltern und Kindern wiederherzustellen und zu heilen.

Miteinbeziehung: Kinder wollen gern helfen. Oft sagen Eltern, das kannst du nicht, dazu bist du noch zu klein. Das entmutigt das Kind und nimmt ihm die Lust zum Helfen. Wir werden die Kinder aber nicht nur in die Tätigkeiten einbeziehen, sondern auch in die Familienpläne, die Zeiteinteilung und in Schwierigkeiten. Wenn wir die Kinder in das Gesamte des Familienlebens einbeziehen, entsteht in ihnen ein Wir-Gefühl, ein Gefühl dazuzugehören, gebraucht zu werden und wichtig zu sein. So werden sie seelisch gesunde Gemeinschaftsmenschen.

Die Bedürfnisse der Familienmitglieder erfüllen: Es gibt Bedürfnisse allgemeiner Art, die altersunabhängig sind: Das Bedürfnis nach materieller Sicherheit, nach Wärme, Liebe, Annahme, Vergebung, Zärtlichkeit, Beachtung, Dazugehörigkeit, nach verstehendem, kommunikativem und handelndem, erlebendem Austausch, nach Wert und Würde, Sinnfindung u. a. Daneben gibt es phasenspezifische Bedürfnisse (vgl. Erikson 1995; Piaget, Inhelder 1993; Kegan, 1986):

- *Die Bedürfnisse des einverleibenden Selbst* im ersten Lebensjahr sind durch die Weise der Einverleibung gegeben. Das Kind will regelmäßig und kontinuierlich gestillt werden, es möchte Zuwendung, Aufmerksamkeit, Wertschätzung, Zärtlichkeit, Streicheln, Getragen werden, Gewiegt werden, Lächeln, Sprechen erfahren usw. Die Kultur dieser Phase ist die mütterliche Kultur.
- *Die Bedürfnisse des impulsiven, autonomen, initiativen Selbst* im Alter von ein bis sechs Jahren (ebd.) sind vielfältig. Das Kind braucht zunächst einen *Initiativraum* – ein eigenes Zimmer oder, bei einer kleinen Wohnung, einen durch Regale oder Vorhänge abgetrennten Raum, Abenteuerräume auf dem Hof, auf der Straße, auf Baustellen, im Wald usw. Genauso braucht es *Initiativzeit*. Es benötigt Zeit zum Spielen, die nicht unterbrochen werden darf. Wenn Kinder spielen lernen, können sie später konstruktiv arbeiten. Schließlich brauchen die Kinder *Initiativmittel*: ein stabiles Fahrrad, haltbares Werkzeug, konstruktive Spiele, Musikinstrumente, altersgemäße Bücher mit Bildern und wenig Text, Hörspiele (aber wenig Fernsehen), Malutensilien

vielfältiger Art, vielerlei Sorten Bauklötze, Kasperletheater, Puppenstube, Puppen, Stofftiere usw. Die Kultur, in die das impulsive Selbst eingebunden ist, ist die elterliche Kultur.

- Die Bedürfnisse des *imperialen Selbst* im Alter von sechs bis zwölf Jahren (ebd.) sind verknüpft mit der Freude an der Leistung und der Werkvollendung. Es sind Abenteuer und vielfältige Unternehmungen, die das ältere Kind liebt, weiterhin praktisches Tun und Lernen durch Sachbücher, Abenteuerbücher, die eine Verknüpfung von Text und Bild aufweisen; es möchte basteln, konstruieren, bauen, experimentieren und musizieren. Das bedeutet, die Kinder brauchen viel *Handlungsraum*, *Handlungszeit* und *Handlungsmittel*. Die Kultur des imperialen, souveränen Selbst ist die rollenanerkennende Kultur.
- Das *zwischenmenschliche Selbst* erstreckt sich zeitlich etwa vom Beginn der Pubertät bis ins Alter von etwa 25 Jahren (ebd.). Die Bedürfnisse des Jugendlichen, die die Familie erfüllen muss, wandeln sich in dieser Phase. Jetzt braucht er *Identifikationszeit*, das sind zeitliche Freiräume, die nicht von der Familie oder der Gesellschaft beansprucht werden, sondern die ihm gehören. Dies mögen stille Reflexionszeiten oder auch gesellige Begegnungszeiten mit Gleichaltrigen sein. Weiterhin braucht er *Identifikationsräume*, Sozialräume, in denen er seine Identitätsentwürfe ausprobieren kann. Wichtig sind auch *Identifikationsgruppen*, demokratische, liberal strukturierte Gleichaltrigengruppen, die zur Identi-

tätsfindung unerlässlich sind und die ihn vor den autoritären Gruppierungen und Ideologien schützen. In diesen Gruppen kann er interpersonale Bezüge aufbauen und dadurch sein zwischenmenschliches Selbst entfalten. Schließlich sind die *Identifikationsmittel* wichtig, mit deren Hilfe er auswählen kann, woraus er seine Identität baut. Das sind Literatur, Kunst, Philosophie, Psychologie, Soziologie, Politik, Gesellschaftswissenschaft, Naturwissenschaften, Kenntnis der Religionen, aber auch Alltagsfähigkeiten, wie technisches Wissen und handwerkliches Können. Es ist nicht erforderlich, über alle Wissens- und Bildungsgebiete Fachkenntnisse zu erwerben, aber zur Identitätsfindung ist es notwendig, über einige Fachgebiete genaue Kenntnisse zu besitzen und im Übrigen wissenschaftliche oder wissenschaftsorientierte Veröffentlichungen zu lesen, die Sachgebiete im Überblick behandeln. Trotzdem kostet dies alles Arbeit und Mühe, und darum ist es für viele Menschen so schwierig, ihre Identität allseitig und ganzheitlich aufzubauen und auszuweiten. Im Übrigen bleiben Liebe, Zuneigung, Verstanden werden, Zugehörigkeitsgefühle, die Entwicklung von Beziehungen und Rollen zentrale Bedürfnisse des Jugendlichen. Die Kultur dieses Lebensalters ist die Kultur der Wechselseitigkeit.

- Das *autonome, sich selbst gestaltende Selbst* bildet sich ab dem Alter von etwa 25 Jahren heraus (ebd.). In dieser Phase, die im Familienzyklus Partnersuche und Heirat bzw. die ersten Ehejahre beinhaltet, sucht der junge Erwachsene nach Intimität, nach zwischenmenschlichem Austausch, nach wirklichen Freundschaften, aber auch nach befriedigender Arbeit und nach den Individual- und Entfaltungswerten. Zugleich hat er ein Verlangen nach Erkenntnis und Information, wodurch er Tradition, Symbole und Autoritäten durchschauen kann. Es ist vor allem die Aufgabe der Ehepartner, bzw. der Freunde, sich diese Lebensnotwendigkeiten gegenseitig zu erfüllen. Die Kultur dieser Phase ist die Kultur der Identität und Selbstgestaltung.

- Das *überindividuelle Selbst* umfasst neben dem Alter die längste Phase im menschlichen Leben, die von etwa 30 Jahren bis zum Ausscheiden aus dem Beruf dauert (ebd.). Es ist die Phase der Generativität, der schöpferischen Lebensentfaltung. Die Erfordernisse dieser Phase sind vielfältig, denn die Bedürfnisse der vorigen Phase bleiben bestehen: der Wunsch nach Intimität und ehelicher Hingabe, nach Freundschaften, die aber jetzt viel intimer werden und viel mehr den Austausch der Personen beinhalten, nach befriedigender Arbeit, die nicht entfremdet ist, nach den Individual- und Entfaltungswerten. Hinzu treten die spezifische Lebensaufgabe dieser Entwicklungsphase, die Generativität, nämlich die ganzheitliche und allseitige Entfaltung des Selbst und die Erfüllung des Lebenssinnes in Arbeit, Liebe, Gemeinschaft und Lebensgenuss. Wichtig ist, dass Ehepaare diese Entfaltung gemeinsam erleben und dass die ganze Familie einbezogen wird, sodass eine Familienkultur entsteht. Entwickeln Mann und Frau solch ein entfaltetes, sinntragendes Leben, werden sie zu einem Vorbild für ihre Kinder, die durch Identitätslernen schneller und sicherer die nächsten Entwicklungsstufen des Selbst erreichen. Die Kultur dieser Phase ist die Kultur der Intimität und Generativität.

- *Die Phase des integrativen Selbst* beginnt mit der Beendigung des Berufslebens (ebd.) und reicht bis zum Tod, umfasst also einen Lebensabschnitt von etwa 30 Jahren! Der Mensch erwirbt nun die Ich-Integrität. Er schaut auf das Leben zurück und erkennt, dass es gut war: einmalig, nicht austauschbar, einzigartig, notwendig und unersetzlich. Die Generativität der vorigen Entwicklungsphase setzt sich fort und auch die ganzheitliche und allseitige Entfaltung. Alter ist ja kein schicksalhafter Abbau der Person (was durch Krankheit möglich ist), sondern Altersentfaltung ist das Wachstum zu einer letzten Weisheit. Darum bleiben auch die Individual- und Entfaltungswerte wichtig. Als Neues tritt das Bedürfnis hinzu, Hilfestellung zu leisten ohne eine Gegenleistung zu erwarten, das Bewusstsein, weiterhin notwendig und gebraucht zu sein, für andere Menschen wichtig zu sein und von ihnen geliebt zu werden. Reife, alte Menschen werden Vorbilder für die jüngere Generation.

Aber auch, wenn alte Menschen krank werden und leiden, können sie Weisheit ausstrahlen. Die Kultur dieser Phase ist die Kultur der Weisheit und Entsagung.

So erfüllt die Familie die Bedürfnisse aller ihrer Mitglieder in jedem Lebensalter. Die Kenntnis der allgemeinen und der phasenspezifischen Anliegen ist deswegen für die Eltern wichtig, wenn berechtigte Bedürfnisse nicht erfüllt werden. Denn die Befriedigung der Bedürfnisse entscheidet über das Klima der Familienatmosphäre, den Erziehungsstil und auch über das Lebensglück.

5 Die Geschwisterkonstellation

Die Familie ist ein System von Beziehungen und Interaktionen, und zwar zwischen dem Ehepaar, den Eltern und den Kindern sowie zwischen den Geschwistern. Es war eine der wichtigen Entdeckungen Alfred Adlers, den Einfluss der Stellung des Kindes in der Geschwisterreihe auf die spätere seelische Entwicklung nachgewiesen zu haben (zum Folgenden Adler 1991, S. 136–145; Toman 1987; Schütze 1989, S. 311–324). Kinder werden ungleich erzogen, denn je nach der geschwisterlinearen Position müssen sie sich Nischen in der Familienökologie suchen.

Das erste Kind ist, wenn es geboren wird, das erste, neue, einzige Kind, der ausschließliche Mittelpunkt des Interesses, der Pflege und der Zuneigung. Wenn es diese Position behaupten kann, neigt es zu Stärke, Klugheit, Verantwortung, Konservatismus, Fleiß, und Erfolgsstreben. Wenn das Erstgeborene diese Position an das zweite Kind verliert, dekompensiert es und kann zum Problemkind werden, das erfolglos, kränklich und leistungsscheu ist und die Hilfe anderer in Anspruch nimmt. Im ersten Fall muss das Kind Gemeinschaftsgefühl lernen, im zweiten Fall ermutigt werden.

Das zweite Kind erweckt im Erstgeborenen Eifersucht und Konkurrenzverhalten, weil die Mutter-Kind-Dyade sich ausweitet in die Mutter-Kind-Kind-Triade. Das Zweitgeborene ist zwar kleiner, aber nicht zu schwach, um nicht direkt oder indirekt mit dem Erstgeborenen konkurrieren zu können. Gewinnt es nach einem lang andauernden Prozess die Konkurrenz, dann wird es alle Energien mobilisieren, um die erste Position zu behalten und Fleiß und Erfolg entwickeln; es nimmt die Rolle „gutes Kind“ an. Gelingt die Konkurrenz dagegen nicht, dann dekompensiert das Zweitgeborene und entwickelt Entmutigungsreaktionen. Zwar sind sie nicht so stark wie bei dem verdrängten Erstgeborenen, aber es wird ebenfalls ein Problemkind, das die Rolle „böses Kind“ wählt. Es bedarf in jedem Falle der Ermutigung und der Erziehung zum Sozialverhalten. Grundsätzlich scheint also das Verhältnis zwischen erstem und zweitem Kind durch Konkurrenzverhalten bestimmt zu sein. Darum gehört es zur Erziehungsaufgabe der Eltern, die Kinder zur Kinderfreundschaft zu ermutigen und sie unterschiedliche Schwerpunkte wählen zu lassen. Wenn das eine Kind beispielsweise zu den Pfadfindern geht, kann das andere an einer Kunst-AG teilnehmen. Jeder kann dort „der erste“ werden.

Das dritte Kind hat wegen des Altersabstandes und der Kräftedifferenz kaum eine Chance, die beiden Geschwister vor ihm zu überholen. Gelingt es ihm wider Erwarten, dann wird es überkompensieren und sozial aufsteigen. In der Regel jedoch wählt es als Nische die Anpassung an das Familiensystem. Es ist fleißig, macht keine Probleme, tut alles, um den Eltern zu gefallen und gleicht sich an die Eltern an. Die gewählte Rolle heißt „angepasstes Kind“. Das Drittgeborene muss besonders und bewusst zur Selbständigkeit und zu einer eigenen Individualität erzogen werden.

Das vierte Kind ist in unserer Gesellschaft in der Regel das letztgeborene. Es versucht gar nicht erst, mit den drei vorausgehenden Geschwistern zu konkurrieren, weil der Abstand zu groß ist. Im Gegenteil: das Jüngste wird die Konkurrenzen meiden, sich Liebkind machen, sich einschmeicheln und sich von allen verwöhnen lassen, wofür es lieb, süß und zärtlich ist – ein Nesthäkchen. Es wählt die Rolle „süßes Kind“. Wenn allerdings das Letztgeborene die Geschwister überflügelt, wird es ein außerordentlich erfolgreicher Aufsteiger. Nesthäkchen muss Fleiß und Leistungsbereitschaft lernen, als Überflieger jedoch Sozialverhalten.

Die Geschwisterkonstellation wird grundsätzlich durch mehrere Faktoren variiert. Zunächst sind (1) die unterschiedlichen gesellschaftlichen Rollenerwartungen an Jungen und Mädchen zu nennen. Wird ein erstgeborenes Mädchen von einem zweitgeborenen Jungen überholt, dann dekompensiert es nicht so stark, als wenn ein Junge vom Mädchen verdrängt würde. Umgekehrt ist es für ein zweitgeborenes Mädchen nicht so wichtig, einen erstgeborenen Jungen zu verdrängen, wie es für einen zweitgeborenen Jungen ist. Drittgeborene Mädchen werden weitaus stärkere Anpassungsreaktionen zeigen, und zuletzt geborene Mädchen werden die Nesthäkchenrolle noch deutlicher spielen als Jungen. Wichtig ist (2) auch die körperliche Konstitution, weil robuste Kinder besser mit Geschwistern, aber auch mit Gleichaltrigen in der Schule und auf der Straße konkurrieren können als schwächliche. Eine große Bedeutung hat (3) die Familienatmosphäre, da eine Konkurrenzatmosphäre die Konkurrenzen steigert, während eine Atmosphäre der Annahme, Wertschätzung, Akzeptanz, Empathie und Kongruenz die Konkurrenzen abmildert, und schließlich vermindert ein sozialintegrativer Erziehungsstil die Rivalitäten. Eine Durchbrechung der Geschwisterkonstellation geschieht (4) auch, wenn Vater oder Mutter oder beide Eltern mit Kindern innerhalb der Geschwisterlinearität Bündnisse schließen oder bei Koalitionen zwischen Geschwistern, wobei sich Geschwister gegen andere oder gegen die Eltern zusammenschließen.

Einzelkinder scheinen heute der Normalfall zu sein. In den Städten haben bis zu 80% der Ehepaare nur ein Kind. Es muss sich gegen zwei Erwachsene behaupten und hat keine Geschwister als Bundesgenossen. Deshalb entwickelt es Mittelpunktstreben und eine selbstzentrierte Orientierung. Dies ermöglicht es dem Einzelkind erfolgreich, selbständig und selbstsicher zu sein, aber es mangelt ihm dadurch an Sozialinteresse. Vor allem wenn es Überbehütung erfährt, entsteht eine Tendenz zur Veräußerlichung. Einzelkinder brauchen darum partnerschaftliche Eltern, gleichaltrige Freunde und soziale Tätigkeiten.

Die *Zwei-Kind-Familie* ist neben der Ein-Kind-Familie in unserer Gesellschaft am häufigsten vertreten. Die entscheidende Aufgabe der Eltern ist es, wenn sie zwei Kinder haben, die Geschwisterrivalitäten zu vermeiden, indem sie die Kinder auf verschiedene Interessensgebiete und Tätigkeitsfelder lenken, auf denen sie jeweils eine erste Position einnehmen können.

Grundsätzlich können wir drei *Geschwisterkonstellationen* unterscheiden: Die *Geschwisterrivalität*, die vor allem zwischen Erst- und Zweitgeborenen sehr häufig ist. Wenn sie überwunden wird, erwachsen daraus die *Geschwisterliebe*, die besonders bei Geschwister-Allianzen und -Koalitionen entsteht, und schließlich die *Geschwistersolidarität*, in der die Geschwister eine lebenslange Solidargemeinschaft eingehen.

Von der Geschwisterreihe müssen wir die *Geschwisterbeziehungen* unterscheiden. Sie lassen sich in folgende Phasen einteilen:

1) In den ersten Lebensmonaten des Neugeborenen reagiert die Hälfte der Kinder auf die Ankunft des Babys mit negativen Verhaltensänderungen. Wenn die Mutter allerdings das Kind ermutigt, sich an der Pflege des Babys zu beteiligen und mit ihm über die Bedürfnisse, Wünsche und Gefühle des Neugeborenen spricht, erweist es sich als interessiert und liebevoll.
2) Die zweite Phase der Geschwisterbeziehung ist zunächst durch die Geschwisterrivalität gekennzeichnet, die das ältere Kind gegenüber dem jüngeren zeigt und später durch eine Interaktion zwischen den Kindern, die positiv sein kann. Wenn das ältere Kind aufgrund seiner höheren Handlungskompetenz an das jüngere Spielangebote macht, werden sie freudig begrüßt, während gleiche Angebote des jüngeren vom älteren häufig ignoriert werden. Das jüngere Kind sucht aber die Nähe des älteren und imitiert es gern. Die Konflikte werden besonders durch zwei Faktoren ausgelöst: zum einen das Bestreben des jün-

geren Kindes, das ältere beim Spielen zu stören und zum anderen die einseitige Stellungnahme der Eltern zugunsten des jüngeren.

3) Die dritte Phase der Geschwisterbeziehung ist durch zunehmende Konsolidierung und Unabhängigkeit von den Eltern gekennzeichnet. Zwar besteht die Rivalität fort, aber die Eltern greifen nicht mehr so häufig ein. Damit hat sich die Geschwisterbeziehung gefestigt.
4) Die weitere Entwicklung der Geschwisterbeziehung ist durch gleichzeitige Veränderung und Kontinuität gekennzeichnet. Einerseits bleiben alte Geschwistererfahrungen und -bindungen bestehen, andererseits wachsen die Beziehungen, wie wir gesehen haben, von der anfänglichen Geschwisterrivalität über die Geschwisterliebe zur lebenslangen Geschwistersolidarität.

Die Kenntnis der Geschwisterreihe ist wichtig, denn nicht selten treten seelische Störungen auf, weil die Folgen der Geschwisterrivalitäten das ganze Leben eines Menschen bestimmen. So wurde z. B. eine Frau therapeutisch behandelt, weil ihr Verhältnis zum Vater als gestört betrachtet wurde. Das war durchaus richtig beobachtet. Aber das Hauptproblem dieser erwachsenen Frau war das Verhältnis zu ihrer älteren Schwester, die sehr erfolgreich war und, wohin sie auch kam, im Mittelpunkt stand. Erst als die Frau Selbstwertgefühle aufbauen konnte, wodurch sie sich als neben Ihrer Schwester gleichwertig fühlte, konnte sie wieder unbelastet leben.

6 Einfühlsames und verstehendes Zuhören

Wenn wir mit Kindern reden, ist es wichtiger, ihnen zuzuhören, als selber viel zu sagen. Dieses Zuhören ist einfühlsam, das bedeutet, dass wir hören, was unausgesprochen hinter den Worten des Kindes steht. Zuhören ist Zu-Hören (PALME Modul II Sitzung 8: Information für Mütter 2008). Es hat eine Tendenz von mir weg, auf den anderen zu. Nicht meine Gefühle und Gedanken sind wichtig, sondern die des anderen, und zwar die wirklichen, die hinter den Worten stehen. Das ist nicht einfach, weil unsere Kinder oft ihre Gefühle nicht offen zeigen, oder weil sie mehrere Gefühle gleichzeitig haben oder sogar widersprüchliche. Sie verbergen ihre Gefühle. Missverständnisse entstehen, wenn wir nur auf die Information unseres Kindes achten. Dann geschieht es oft, dass unsere Information anders vom Kind verstanden wird, als wir sie gemeint haben.

Wie kann ich also diese wirklichen Gefühle und Gedanken verstehen? Die Voraussetzung ist, dass wir unsere Kinder lieben, ihnen unsere Wertschätzung zeigen und zwischen uns eine Vertrauensbasis besteht.

Bei jeder Kommunikation gibt es vier Kommunikationsarten:

1) Die Sachinformation vermittelt den Inhalt eines Satzes.
2) Die Beziehungsinformation sagt etwas über die Beziehung zwischen Sprecher und Hörer aus. Wenn ich

zu meinem Kind sage: „Liebling wir müssen uns etwas beeilen, damit wir die Straßenbahn noch bekommen.“, dann drücken wir aus, dass ich eine gute und liebevolle Beziehung zu meinem Kind habe.

3) Die Selbstoffenbarung drückt die Stimmung, die Gefühle, die Zustände des Sprechers, also der Eltern aus.
4) Der Appell richtet sich an das Kind in der Erwartung, dass es die Wünsche der Eltern erfüllt.

Wenn wir mit Kindern reden, ist es entscheidend, dass wir einfühlsam hören und sprechen. So werden wir nicht nur auf den Inhalt dessen hören, was das Kind sagt, sondern wir achten auf die dahinterliegenden Gefühle, und vor allem werden wir auch auf den Tonfall achten, mit dem es etwas sagt.

Wir fragen nach, ob wir das Kind richtig verstanden haben. Denn hinter den Worten des Kindes können ja mehrere und sich widersprechende Gefühle stehen. Auch beherrschen Kinder bis zu sechs Jahren noch nicht die Bedeutung mancher Wörter. So war z. B. ein Mädchen ängstlich, weil eine Krankenschwester bei ihm rektal fiebermessen wollte. Das Kind hatte nicht „messen“ verstanden, sondern „Messer“; verständlich, dass es Angst hatte.

Wir zeigen durch Sprache, Mimik und Haltung, dass wir das Kind verstehen. Wir werden nicht beschwichtigend auf das Kind einwirken, sondern sagen: „Ja, das ist schlimm, wie es Dir geht. Willst Du darüber sprechen?“

Vor allem achten wir immer wieder auf die Gefühle des Kindes und versuchen, sie zu unseren eigenen zu machen.

Einfühlsames, verstehendes Verhalten bedeutet eben nicht, die eigenen Gefühle auf das Kind zu projizieren, sondern uns ganz auf das Kind zu konzentrieren, uns einzufühlen und ganz für das Kind da zu sein.

Die Zeitform des Kindes ist das Jetzt. Darum müssen wir uns viel Zeit nehmen, wenn wir mit ihm sprechen wollen. Wenn wir wenig Zeit haben, machen wir mit dem Kind einen für beide guten Zeitpunkt aus. Wichtig ist es auch, das Kind ausreden zu lassen und es nicht zu unterbrechen. Wir blicken das Kind liebevoll an. Und vor allem achten wir auf die Stimme des Kindes, die uns Auskunft gibt über seine Gefühle.

7 Kind und Spiel

Die Funktion des Spiels in der Kindheit hat vor allem kognitive, emotionale und soziale/moralische Bedeutung (Schäfer 2001, S. 1806f.). Kognitiv wirkt sich das Spiel auf das Kind aus, indem das Denken gefördert wird, mehr jedoch Neugier, Entdecker- und Erfindergeist, die ja Grundelemente kreativen Denkens sind. Zugleich lernt das Kind verschiedene Wirklichkeiten, vor allem die reale und die fiktive Welt, zu differenzieren und in der fiktiven Welt des Als-Ob spielerisch Möglichkeiten zu durchdenken. Im emotionalen Bereich bewirkt das Spiel, dass das Kind gefühlsmäßige Beziehungen und Erlebnisse erfährt, die seine Entwicklung fördern oder sogar bei Entwicklungsstörungen heilen können. Im sozialen/moralischen Bezug lernt das Kind im Spiel Regeln zu beachten, Fairness zu entwickeln und in Gemeinschaft zu handeln, und zwar so, dass niemand verletzt wird. Allerdings fördert das Spiel alle menschlichen Eigenschaften und Vermögen, nicht nur bei Kindern, sondern in allen Lebensaltern, wobei es so zu sein scheint, dass in der Kindheit die biologischen und im Erwachsenenalter die kulturellen Aufgaben in den Vordergrund treten. An dieser Stelle wäre zu fragen, ob dem Spiel nicht zu viele funktionale Wirkungen zugeschrieben werden. Die menschlichen Fähigkeiten werden ja nicht ausschließlich durch das Spiel entwickelt, sondern es ist die gesamte Kulturwelt, die den Menschen ganzheitlich fördert. Außerdem tritt zur Kultur- und Kunstwelt die Realwelt mit ihren vielfältigen Anforderungen, die dem Menschen weitere Kompetenzen abverlangt.

Die Kinder- und Jugendspiele wollen wir differenzieren in die *Spielmittel*, die *Spielräume* und *Spielgelegenheiten* sowie die *Spielzeit* der Kinder (zum Folgenden Noack 2006, S. 124–130). Auch ist es, denke ich, wichtig, noch einmal in die frühe Kindheit der Vorschulzeit und die späte Kindheit der Zeit bis zur Pubertät zu differenzieren. Denn jüngere (Ein- bis Sechsjährige) und ältere Kinder (Sechs- bis Zwölfjährige) spielen verschiedene Spiele.

Spielmittel der ein- bis sechsjährigen Kinder

(zu den Spielmitteln der Ein- bis Sechsjährigen vgl. Arbeitsausschuss Gutes Spielzeug 1974; Fritz 1992; Einsiedel 1999)

In der frühen Kindheit wird zwischen psychomotorischen Spielen, Bauspielen, bei denen mit Material umgegangen, probiert, experimentiert und gestaltet wird, Regel- bzw. Gesellschaftsspielen sowie Fantasie- und Rollenspielen unterschieden.

1. *Fantasie- und Rollenspiele* spielen die größte Rolle bei den Ein- bis Dreijährigen. Wichtig sind hierfür die Puppe als Stellvertreter und Spielkamerad des Kindes sowie das Kuscheltier und weitere Spielpuppen, mit denen Rollenspiele erfunden werden. Aber auch mit dem Telefon, einfachen Hausgeräten, unzerbrechlichem Geschirr, Spielmöbeln und Kartons spielt das Kleinkind Rollen der Erwachsenen nach. Zwischen drei und sechs Jahren treten als Spielmittel hinzu: Stofftiere, Puppen

aller Art, Puppenzubehör (wie Kleidung, Bett, Koffer usw.), Puppenstube mit Biegepuppen, Töpfe, Backgeräte (auch der Herd unter Aufsicht), Geschirr, Zubehör für allerlei Rollenspiele, z. B. Arzt, Post, Kaufladen, Tankstelle usw., Sachen zum Verkleiden, Handspielpuppen und Puppenspielbühne, Aufstellspielzeug, Miniaturfahrzeuge (die beispielsweise in einer Stadt, aus Bauklötzen gebaut, umherfahren), Fahrzeuge mit verschiedenen Funktionen (Kran, Feuerwehrauto, Krankenwagen usw.), Spielmöbel, Spielelemente, Zelt und Abenteuerkleidung.

2. Spielmittel für *psychomotorische Spiele bzw. Bewegungsspiele* braucht das Kind schon im ersten Lebensjahr. Dazu gehören, wie schon erwähnt, Luftballon, Mobile, Klangspiel, Rassel, Greifspielzeug, Badewannenspielzeug, Ball, Stoffpuppe, Stofftier usw. Zwischen dem vollendeten ersten Lebensjahr bis ins Alter von etwa drei Jahren werden folgende Spielmittel wichtig: Nachzieh- und Schiebespielzeug, einfache Fahrzeuge, Holzeisenbahn, Sandwagen, Sandspielgeräte und Autos, Lastwagen zum Draufsitzen, Dreirad bzw. Laufrad, für den Winter einen Schlitten, Schaukelpferd, Bodenschaukel, Klettergerüst. Für die drei bis sechs Jahre alten Kinder treten hinzu Handwagen, Schubkarre, Roller, Gokart, Fahrrad (von guter Qualität), Gleitschuhe, Springseil, Gummitwist, Wurfspiele, Wasserspielzeug, Kletterpyramide und Schaukel.

3. *Bauspiele und Konstruktionsspiele*, bei denen mit Material umgegangen wird, sind schon im ersten Lebensjahr

Luftballon, Mobile, Klangspiel, Rassel, Greifspielzeug, Badewannenspiele, Ball, Stoffpuppe, Stofftier und anderes Babyspielzeug. Im ersten Lebensjahr werden diese Materialien noch nicht konstruiert, sondern das Kleinstkind geht mit ihnen um und probiert sie aus. Ab dem vollendeten ersten Lebensjahr bis etwa drei Jahren werden für das Kind wichtig: Badewannenspielzeug, Hampelmann, Stehauffiguren, Kugelbahn, Musikspieldose und einfache Musikinstrumente, Formensteckspiele, Steckspielzeug, Bauklötze vielfältigster Art, Fingerfarben, Buntstifte, Filzstifte, große Papierbögen, Sandkasten und Sandspielzeug. Im Alter bis zu sechs Jahren werden weitere Spielmittel bedeutsam: Der Sandkasten mit vielfältigen Sandspielzeugen bleibt wichtig, denn jetzt werden Burgen und ganze Städte in den Sand gebaut; weiterhin braucht das Kind Bau- und Konstruktionsmaterial, Großbauelemente, Verkehrsanlagen (ohne Motor), viele und vielfältige Miniaturfahrzeuge, Aufstellspielzeug, Bilderlegespiele, Puzzle, Buntpapier, Schere, Ausschneidebögen, Fädelperlen, Knetmaterial, eine große Tafel mit weißer und farbiger Kreide, Filzstifte, Wachsfarben, Wasserfarben, Buntstifte, Fingerfarben mit großen Papierbögen, Malbücher, Werkzeug (am besten gutes Werkzeug für Erwachsene in kleiner Größe) nebst Material zum Werken, weiteres Material zum Drucken, außerdem Handarbeitssachen, Webrahmen, Drachen, Segelflugzeug.

4. *Regelspiele (Gesellschaftsspiele)* spielen Kinder im Allgemeinen erst ab drei Jahren. Dies sind Farben- und

Bilderdomino, Angelspiel, Geschicklichkeitsspiele, Gedächtnisspiele wie Memory und Schwarzer Peter, einfache Wettrennspiele, wie Mensch-ärgere-dich-nicht und Spielesammlungen, aus denen Kinder nach Belieben ihre Lieblingsspiele auswählen.

Spielmittel der sechs- bis zwölfjährigen Kinder

Die Spielmittel der älteren Kinder zwischen 6 und 12 Jahren sind vielfältiger und aufwändiger (ebd.).

1. Für die *Bewegungsspiele* brauchen die Kinder Bälle, Wurfspiele, Sportspiele wie Tischtennis, Federball, Fußball, Boccia, Krocket u. a., Roller (leicht laufend und sicher), Gokart, Fahrrad (das Universalbewegungsmittel, das von guter Qualität sein sollte, damit es auch über Bordsteinkanten, Treppen und Baumwurzeln fahren kann), für den Winter Schlitten und Schlittschuhe, Rollschuhe, Inlineskates, Strickleiter, Kletterseil, Springseil, Gummitwist, Schubkarre, Geschicklichkeitsspiele, Darts, Blasrohr, Pfeil und Bogen (unter der Aufsicht von Erwachsenen).
2. *Bauspiele und Konstruktionsspiele* erfordern Material und Werkzeuge zum Bauen, Malen, Drucken, Formen, Werken, Handarbeiten. Hinzu kommen das Konstruktionsmaterial für vielfältiges Bauen, für Fahrzeuge und Verkehrsanlagen, die nun mit Uhrwerk oder Batterie angetrieben werden, die elektrische Eisenbahn mit den dazugehörigen Anlagen und Bauten, Schiffe, Montagebau (Fahrzeuge, Häuser, Fahrzeuge, Land-

schaften für die elektrische Eisenbahn), elektrische Autobahn, allerlei Spiele, wie Puzzle, Bilderlegespiele, Denkspiele, Zauberspiele, Geduldspiele, außerdem Stempelkasten, Episkop, Modellbaubogen, Modelliermaterial, Werkbank mit hochwertigen Werkzeugen, Experimentalbaukästen und Experimentiermaterial, Drachenbau, Nähmaschine (am besten eine richtige), Strickmaschine, Aquarellfarben und Ölfarben, Zeichenschablonen, Lineal, Zirkel und Dreieck. Weiterhin ist die LEGO-Welt für Kinder unverzichtbar, wobei kleine Kinder einfache Konstrukte hervorbringen, die älteren hingegen komplexere Konstruktionsaufgaben lösen. Ergänzt wird das Legosystem durch die DUPLO-Materialien, die Bauspiel, Funktionsspiel und rollenbezogenes Figurenspiel ermöglichen, und Playmobil. Letzteres bietet komplette Sets an, um Wirklichkeit simulieren zu können, wie die Welt der Ritter, Seeräuber, Großwildjäger, Weltraumfahrer, also Spielfiguren, aber auch ein komplettes amerikanisches Siedlerfort usw., d. h. vollständige Spielzeugwelten. Nicht vergessen dürfen wir, dass auch zu den Konstruktionsspielen gehört, wenn das Kind im Haushalt, im Garten oder beim Autowaschen mithilft. Diese Form der Konstruktionsspiele bildet den Übergang zur Arbeit.

3. *Fantasie- und Rollenspiele* der älteren Kinder erfordern eine Vielzahl von Spielmitteln. Dazu gehören Stofftiere, Puppen (Barbie) und Puppenzubehör, Puppenstube mit reicher Ausstattung, sodass ganze

Szenenfolgen gespielt werden können, Haushaltsgeräte, ebenfalls elektrische Geräte (auch diese sollten wegen der besseren Qualität aus der Erwachsenenwelt genommen werden), Rollenspielzubehör, wie Kleider, Tücher und andere Dinge zum Verkleiden, aber auch Miniaturfahrzeuge, die in ganze Landschaften einbezogen werden, elektrische Eisenbahn und Häuser, Bahnhöfe, Tiere, Menschen usw., die selbst gebastelt werden, elektrische Autorennbahn, Handspielpuppen, Handspieltiere, einfache Marionetten, eine Bühne für das Puppentheater, Spielmöbel, große Spielelemente, Zelt, Großbauelemente.

4. *Regelspiele bzw. Gesellschaftsspiele* können jetzt schon viel anspruchsvoller werden. Solche sind: Gedächtnisspiele, Wettrennspiele, die auch schon taktische Elemente enthalten, Brettspiele wie Halma, Dame und Mühle, Buchstabenspiele, Legespiele, Domino, Denkspiele, Kartenspiele, Quartett, Geschicklichkeitsspiele wie Mikado und Flohhüpfen, Sportspiele vielfältiger Art, und ab etwa acht Jahren spielen Kinder auch schon Schach. Für die Anschaffung dieser vielfältigen Spielmittel möchte ich immer wieder die sehr gute Qualität betonen. Kinder entmutigt es, wenn ohne ihre Schuld Dinge entzwei gehen. Ich habe gute Erfahrungen damit gemacht, die Spielmittel in Baumärkten zu kaufen, die Qualität für Erwachsene anbieten; für Kinder wähle ich einfach kleinere Größen. Als Spielmittel dürfen Pflanzen und lebendige Tiere nicht ver-

gessen werden. Ihre Pflege fördert Fürsorge, Verantwortung und Liebe zum Lebendigen.

Spielräume und Spielgelegenheiten aller Kinder

Kinder bis zu zwölf Jahren brauchen nicht nur Spielmittel, sondern auch *Spielräume und Spielgelegenheiten*, die für sie noch wichtiger sind als die „richtigen" Spielmittel. Denn Kinder wollen ja raumgreifend die Umwelt erfahren (erfahren mit Roller und Fahrrad). Was Kinder brauchen, sind unspezialisierte und ungeregelte Räume, die Freiraum bieten für Spieleinfälle und Raumbewegung, das können z. B. Treppenhäuser, Hauseingänge, Tordurchfahrten, Höfe, Stadtbrachen, ungepflegte Rasenflächen, Sandhügel, Spielstraßen usw. sein.

Die Spielzeit: Zum Spielen brauchen die Kinder auch Zeit. Gesunde Kinder spielen in den ersten sechs Jahren ihres Lebens etwa 15.000 Stunden (Arbeitsausschuß Gutes Spielzeug 1974, S. 5). Kleine Kinder im Alter von bis zu sechs Jahren haben noch ausreichend Spielzeit zur Verfügung; sie spielen zwischen sieben und neun Stunden am Tag, falls die Erwachsenen es zulassen. Dabei verwandeln die Kinder fast alles in ein Spiel: Anziehen, Essen, Schlafengehen, Straßenbahn- oder Busfahren. Ein Stück Holz, ein Stoffknäuel, ein Tisch und Stuhl usw. ist in jedem Spielvorgang etwas anderes. Kinder machen die Zeit selbst zum Spiel; sie brauchen sie nicht zu planen, wie es die Erwachsenen tun müssen, sondern Zeit und Spiel bilden eine Einheit. Sobald jedoch die Kinder zur Schule gehen, ändert sich die Spielzeit grundlegend; aus der Dominanz der Spielzeit wird die der

Pflichtzeit. Von den etwa 14 Stunden Wachzeit am Tag verbringen die Schulkinder ungefähr fünf bis sechs Stunden in der Schule, dann müssen sie die Schulaufgaben erledigen, die Eltern beanspruchen Haushaltshilfe usw., sodass nur noch zwischen vier und fünf Stunden pflichtfreie Zeit übrig bleibt. Da auch die Kinder zunehmend ihre Freizeit konsumierend verbringen (Fernsehen, Musik hören), jedoch auch lesen oder bummeln und ins Kino gehen, bleiben als Spielzeit etwa 1,5 Stunden übrig (Schottmayer, Christmann 1976, S. 20f.). Insgesamt kann man also sagen, dass Schulkinder einen verplanten Tag haben, der weitgehend fremdbestimmt ist und in dem das Spiel nur noch zu einer der vielen Freizeitbeschäftigungen unter anderen wird. Umso wichtiger ist es, dass die Familie Spielzeiten plant und sie qualitativ hochwertig gestaltet. Je attraktiver das Spiel ist, desto eher werden Kinder freie Zeit an anderer Stelle einsparen, um spielen zu können. Eine große Chance bieten dafür Jugendgruppen, wie die Pfadfinder, mit ihrer Erlebnis- und Interaktionspädagogik (Reiners 1993; Noack 2001, S. 111–127).

Jugendspiele

Spielmittel der Jugendlichen
Sie haben vor allem die Funktion der Identitätsfindung und der Bildung des Selbst. Damit ändern sich die Spiele grundlegend in ihrer Zielsetzung. Im Alter zwischen ungefähr 12 und 25 Jahren sucht der Jugendliche seine Identität und bildet sein Selbst aus. Die erste Aufgabe des jungen Menschen ist meines Erachtens die Lösung von der Elterngeneration. Er weiß nun, wer er nicht ist: Er ist nicht die Imitation der Eltern und die Identifikation mit

ihnen; aber er weiß noch nicht, wer er ist. Seine Identität findet er, indem er seine Teilidentitäten entwickelt (soziale, geschlechtliche, berufliche, kulturelle, politisch-gesellschaftliche, weltanschauliche, religiöse und praktische Identität) und sie integriert. Auf diese Weise bildet sich seine Ganzheit heraus, sein Selbst. Nach dem existenzphilosophischen Konzept hat der Mensch jetzt die Aufgabe, dieses Selbst in die Zukunft hinein zu entwerfen, und zwar in der Weise, dass er darin für alle Menschen vorbildlich ist.

Wie kann nun das Spiel dabei förderlich sein? Es sind vier Funktionen des Spiels, die hierbei behilflich sind: das Spiel, (1) welches das Selbst als sich abgrenzende Einheit hervorbringt, (2) das das Selbst entwickelnde Spiel, (3) das das Selbst heilende Spiel und (4) das Spiel, welches das Selbst regeneriert und wachsen lässt (Schäfer 1989, S. 49–94). Hierzu dienen als *Bewegungsspiele* vielfältigen *Sport-*, *Wurf-* und *Geschicklichkeitsspiele*. Wichtig ist auch das Fahrrad, das zu weiten Fahrten anregt und von Jungen auch zu akrobatischen Vorführungen genutzt wird, mit denen Konkurrenten und Mädchen imponiert werden soll. Bald wird jedoch das Fahrrad durch das Motorrad oder das Auto ergänzt. Bewegung und Abenteuer sind für die männlichen Jugendlichen von Bedeutung, während die Mädchen es vorziehen, zu shoppen, zu bummeln und sich zu zeigen. *Bauspiele* sind für Jugendliche kaum interessant. Dagegen findet vollwertiges, ernsthaftes Malen und Modellieren, das Schaffen von Kunstwerken aus Abfällen und Nutzlosem, der Bau von Segelflugzeugen, die mit Motor fliegen usw. viel Anklang. *Rollenspiele* sind ebenfalls beliebt: Theaterspielen, sich verkleiden, sich schminken und andere rollenspezifische Spiele ebenso wie

Kochen. Unter den *Gesellschafts- und Regelspielen* werden die anspruchsvollen Denkspiele bevorzugt, wie Dame, Mühle, vor allem Schach und andere neuere Denkspiele. Ebenso spielen Jugendliche gern Karten.

Spielräume und Spielzeiten der Jugendlichen
Die *Spielräume* der Jugendlichen (Noack 2001, S. 143–152) sind in der oberen Mittelschicht das eigene Zimmer, in das die Freunde eingeladen werden, während die Jugendlichen der sogenannten Unterschicht sich im Freien aufhalten, wo sie sich zu Cliquen zusammenfinden, und zwar in Hauseingängen, auf Plätzen, an Bushaltestellen, Kinoeingängen, in Diskotheken, Kneipen, Cafés, Fußgängerzonen, Einkaufspassagen, Kaufhäusern, aber auch auf Stadtbrachen usw. Die wenigsten Jugendlichen jedoch nutzen die kommunalen Angebote.

Die *Spielzeiten* der Jugendlichen sind außerordentlich beschränkt. Schüler werden durch die Schulzeit und die Lernzeit (Hausaufgaben, Referate usw.) völlig beansprucht, sodass eigentlich nur das Wochenende und die Abendzeit – auch diese jedoch nicht immer – zur Verfügung stehen.

Bei all dem lassen sich deutliche *Unterschiede zwischen weiblichen und männlichen Jugendlichen* feststellen (Oerter 1997, S. 281f.). Bei männlichen Kindern und Jugendlichen dominieren Körperstärke und Körperkontakt, kontinuierlicher Aktivitätsfluss, motorische Aktivität, die den ganzen Körper umfasst, die Beanspruchung von viel Platz, und zwar vor allem im Freien, Konkurrenz und Konfliktverhalten zwischen Gruppen und

Teams, aber auch Erfolgsorientierung, deutliche Differenzierung von Gewinnern und Verlierern, Spiel in großen Gruppen, lang andauernde Spiele auch in altersheterogenen Gruppen. Weibliches Spiel hingegen ist gekennzeichnet durch feste Einhaltung der Regeln, Rhythmen und Wörter, definierte Spielphasen, indirekten Wettbewerb, eine Vielfalt von Regeln, die jede Bewegung bestimmen, Einbeziehung von nur einzelnen Körperteilen, individuelle Spielbewegungen, Wettbewerb zwischen Individuen und nicht zwischen Parteien und Gruppen.

Weil das Spiel zum Wesen des Menschen gehört, ist es wichtig, dass wir unseren Kindern und Jugendlichen Spielmittel, Spielräume und Spielzeiten zur Verfügung stellen – und dies mit ihnen zusammen erleben.

8 Die Lebensaufgaben des Kindes

Das Kind hat etwa ab dem Alter von sechs Jahren die Aufgabe, seine Entwicklung selbst zu gestalten (Dreher 1985, S. 59; Noack 2010, S. 87). (1) Körperliche Geschicklichkeit erlaubt es ihm, an den Spielen der Gleichaltrigen gleichwertig und erfolgreich teilzunehmen und mit ihnen zurechtzukommen. Dabei lernt es, mit anderen gemeinsam zu handeln (Kooperation), Kompromisse zu finden und Freundschaften zu schließen. (2) Hierfür ist es wichtig, dass das ältere Kind sich klar wird über sein Wachstum, über die raschen Veränderungen, die in ihm vorgehen, obgleich die Lebenszeit zwischen dem sechsten und zwölften Lebensjahr recht stabil ist. (3) In dieser Zeit eifert der Junge dem Vater und das Mädchen der Mutter nach, sie imitieren sie und sie identifizieren sich mit ihnen. Dadurch lernen sie die soziale Rolle und ein von der Gesellschaft gefordertes Rollenverhalten. (4) Durch die Schule lernt das Kind die grundlegenden Fertigkeiten im Lesen, Schreiben und Rechnen sowie Heimatkunde und Realwissen. (5) In diesem Alter erwirbt es auch die Grundfertigkeiten, die für den Alltag notwendig sind. Diese bilden einen Grundstock für die Lebenspraxis. (6) Einerseits entwickelt das ältere Kind eine beginnende Unabhängigkeit von den Eltern, andererseits verinnerlicht (introjiziert, internalisiert) es die Normen, Werte und Lebensformen der Eltern. Hierdurch entsteht ein erstes, fest gefügtes und vorläufig abgeschlossenes Gewissen. So bildet sich in ihm eine Welt von Werten und

Normen (Über-Ich) und erstrebenswerten Verhaltensweisen (Ideal-Ich). (7) Dieses Lebensalter wird neben der Familie sehr stark von den Gleichaltrigen geprägt. Das Kind findet Einstellungen und Strategien, um in der Gruppe eine gute Position einnehmen zu können. Dieses Leben in einem kindlichen Mikrokosmos bereitet es auf das Leben in der Gesellschaft vor.

9 Der Familienrat und die Familienandacht

Der Familienrat (vgl. Dreikurs, Solz, 2009, 329–333) ist die Zusammenkunft aller Mitglieder der Familie, um Probleme zu besprechen und zu lösen, aber auch um Pläne zu schmieden, etwa was für Urlaubsreisen geplant werden sollen, wohin, in welcher Art, zu welcher Zeit usw. Auch was am Wochenende unternommen werden kann, ist Thema des Familienrates. Wichtig ist, auch Probleme der Kinder zu Wort kommen zu lassen: Schulprobleme, Schwierigkeiten mit Freunden, Schmerzen körperlicher und seelischer Art u. a. Wenn die Kinder älter sind, können auch Elternprobleme besprochen werden. Dies schließt die Familie eng zusammen. So kommt jeder zu seinem Recht, seine Probleme, Schmerzen, Pläne, Vorhaben usw. zur Sprache zu bringen. Dabei haben die Eltern kein größeres Stimmrecht als die Kinder. Gut ist es auch, wenn der Familienrat periodisch zusammenkommt. In unserer Familie fand der Familienrat jeden Abend am Bett der Kinder statt. Wenn jeder seine Anliegen vorgebracht hat und die Lösungen gefunden waren, gingen wir zum beruhigenden Teil des Abends über. Wir erzählten eine Geschichte oder lasen etwas vor; dann sangen wir ein Gutenachtlied. Verbunden mit dem Familienrat war also die Abendandacht.

Grundsätzlich kann ich aus der eigenen Erfahrung mit unseren Kindern sagen, dass die Andacht formal sehr offen sein muss. Sie kann im Kreis der Familie stattfinden, oder, wie in unserer Familie, am Bett der Kinder. Letzteres ist vorzuziehen, weil sich das Gefühl der Geborgenheit des Schlafplatzes und die tröstliche Gegenwart der Eltern mit dem Erlebnis der Andacht verknüpfen. Auf keinen Fall dürfen Kinder beim Beten zum Knien gezwungen werden. Denn in diesem Fall werden Knieschmerzen, Atembeklemmung und allgemeiner Körperschmerz mit der Andacht verbunden – ich spreche hier aus eigener Kindheitserfahrung. Die Folge kann eine lebenslange Gebetsunlust sein. Bis zum Alter von sechs Jahren werden wir den Kindern eine kurze Geschichte erzählen oder vorlesen, wobei es wichtig ist, passende Bilder dazu zu zeigen. Dann werden Erlebnisse des Tages berichtet und gemeinsam besprochen. Es ist auch möglich ein Lied zu singen. So gleiten die Kinder geistlich in den Schlaf hinüber. Die älteren Kinder zwischen sechs und zwölf Jahren lieben es, etwas längere Geschichten zu hören, die allerdings spannend sein müssen. Sie brauchen nicht immer biblisch zu sein, sondern es gibt viele spannende Erzählungen aus dem christlichen Erleben. Es können sogar weltliche Geschichten sein, denn auch diese enthalten sittliche Grundsätze und Lebenserfahrungen, und sie sind oft sehr gut geschrieben. Die Abendandacht mit den Kindern ist der Höhepunkt des Tages: Sie liegen im Bett, erleben die Gegenwart der Eltern, hören eine spannende Geschichte, reden sich den Tagesschmerz von der Seele oder genießen noch einmal die Erinnerung an Schönes, die Eltern beten für sie und segnen sie – und so wachsen sie in eine geistliche Welt hinein. Nebenbei bemerkt: Kinder sollten nur beten, wenn sie es selber wünschen. Ich habe von der Familienandacht gesprochen, nicht von Familienandachten.

Morgens können wir ein kurzes Segenswort lesen und mit den Kindern beten. Die Zeit drängt meist am Morgen, und eine kurze geistliche Besinnung schenkt den Kindern Mut zum Tag. Mittags ist die Familie ohnehin selten zusammen. Die Zeit der Andacht ist der Abend – und sie kann bis zu einer Stunde dauern: reden, lachen, sich erzählen, etwas vorlesen, Bilder anschauen, Segensgebet durch die Eltern. So wird in den Kindern ein geistlicher Grund gelegt. Und auf diese Weise verschmelzen Familienrat und Familienandacht zu einer Einheit.

10 Religion weise anwenden

Die Spiritualität der Kinder und Jugendlichen ändert sich mit dem Lebensalter (zum Folgenden Fowler 1991, S. 136–231).

Im ersten Lebensjahr können wir vom „Ersten Glauben" sprechen. Worin besteht er? (1) Zunächst ist es die mütterliche Kultur, durch die das Kind sich geborgen, umhüllt, gewärmt, genährt fühlt. Dieses mütterliche Prinzip gilt es zu bewahren. Und wir sollten es auch Gott zusprechen. Andernfalls wird es sich als Heranwachsender Muttterersatz-Gottheiten schaffen: beispielsweise eine Muttergottheit, wie Maria, die Mutter Jesu. (2) Grundlegend ist das Urvertrauen. Dies gilt es dem Kind zu vermitteln und es darin zu lassen. Nur eine Vertrauensreligion bringt eine gesunde Glaubenswelt hervor. Das Urvertrauen umgibt das Kind ein Leben lang und bewahrt es vor Verlassenheits- und Trennungsängsten. (3) Kinder brauchen im ersten Lebensjahr Ur-Bilder von Personen, die vertrauenswürdig sind. Das sind vor allem Mutter und Vater. (4) Dem Urvertrauen in Verbindung mit den vertrauenswürdigen Ur-Bildern entspricht die Hoffnung. Sie ist neben dem Urvertrauen als eine Liebe zur Zukunft eine Grundkraft des Lebens. Die ganze Kindheit hindurch ist sie die kindliche Zeitform, das Sein zu. Es hat ja keine Vergangenheit und ist völlig auf die Zukunft verwiesen. Wird dieser Grund gelegt, dann entwickelt das Kind später eine gesunde Religion und sucht sich eine Religion des Vertrauens. Gott ist für es lebenslang ein vertrauenswürdiger Vater und eine umhüllende Mutter. Was die Eltern ihrem Baby als Glauben mitgeben können, ist das Zutrauen zu sich selbst, das Vertrauen in die Mitmenschen, in die Realität und in Gott. Und das Erleben, geliebt, versorgt und von Für-Sorge umhüllt zu sein.

Vom zweiten bis zum siebenten Lebensjahr entsteht im Kind der „intuitiv-projektive Glaube". Intuitiv meint, dass das Kind aus Wahrnehmungen, Impulsen, Vorstellungen und Augenblicks-Gefühlen heraus lebt, und diese als real ansieht. Projektiv bedeutet, dass das Kind solche Impulse und Vorstellungen in die Wirklichkeit hineinprojiziert und diese veränderte oder sogar geschaffene Wirklichkeit für real hält. Das Kind lebt also in einer Welt der Vorstellungen, Fantasien und Impulse. (Kinder „lügen" nicht, sondern halten die von ihnen geschaffene Realität für wirklich: Wenn ein Mädchen beispielweise immer ein unsichtbares Pferd mit sich führt, dann ist es für das Kind real.) Dies macht das Kind offen für (1) Geschichten, die sinnerfüllt sind, aber nur kurze Augenblicksdarstellungen bieten und in denen gut und böse klar getrennt sind. Dies können Kinderbücher, Märchen oder auch Szenen aus der Lebensgeschichte der Eltern sein. Auch altersgerechte biblische Geschichten können vor allem zur Abendandacht gelesen werden. (2) Insbesondere lebt das Kind in Bildern. Wir müssen den Kindern Bilder darbieten, verbunden mit einer kurzen Geschichte. (3) Kinder empfinden intuitiv die Symbole Macht, Ohnmacht, Tod, Gut und Böse und andere. Gott ist für sie allmächtig, und dies kann im Kind Angst- und Schuldgefühle hervorrufen, aber, wenn es Vertrauen zu ihm hat, auch Gefühle der Geborgenheit. (4) Das Kind liebt Erlebnisse und interessante Handlungen. Es ist wichtig, dass Eltern mit ihren Kindern fröhliche Erlebnisse haben.

(5) Träume üben auf Kinder eine große Macht aus, denn Traum und Wirklichkeit werden noch nicht auseinander gehalten. Dies ist die Ursache für lebenslange Ängste vor Übernatürlichem, vor Unbekanntem. Die Kinder haben Dämonenangst und Gottesangst. Vor allem die Drei- bis Siebenjährigen leiden unter Ängsten, Schuld- und Sühnegedanken, Gewissensqualen oder sogar Selbstbestrafungen. Wichtig ist es darum, dass die Eltern nicht strafen und Gott nur als liebend darstellen.

Wenn das Kind im Alter von sechs bis sieben Jahren eingeschult wird, verlässt es die Fantasiewelt und tritt ein in die Realwelt. Dem entspricht der mythisch-wörtliche Glaube. Mythisch heißt: Mythen, Geschichten und Symbole erhalten für das Kind eine zentrale Bedeutung für sein Leben. Wörtlich bedeutet: Diese Mythen werden wörtlich genommen. Auch Gott wird ganz menschlich gesehen und Himmel und Erde ganz wörtlich als Oben und Unten. Für die Ausprägung des Glaubens ist die Eindimensionalität wichtig. Ursache und Wirkung werden nicht mehr als magische Zusammenhänge gesehen, sondern deutlich unterschieden, auch Fantasie und Wirklichkeit werden deutlich getrennt. Diese Zusammenhänge sind aber nur eindimensional, d. h. es wird nur ein einziger realer, konkreter Zusammenhang gesehen und nicht mehrere gleichzeitig. So kann der Junge erkennen, dass der Ball die Fensterscheibe treffen wird, aber weitere Zusammenhänge erkennt er nicht. Im Alter zwischen sechs beziehungsweise sieben und zwölf Jahren wird das Kind von Symbolen angesprochen, das bedeutet auch von den biblischen. Diese Zeitpanne ist auch die Periode der Geschichten. Wichtig ist, dass dem Kind jetzt sinnerfüllte und sinnstiftende Erzählungen geboten werden. Jetzt können diese Geschichten lang sein;

es können auch Fortsetzungsgeschichten sein. Aber sie sollten immer noch von Bildern begleitet werden. So lieben es die Kinder, Geschichten zu hören; und sie erfinden selber welche.

Das Kind baut nun seine Identität auf, indem es Geschichten der Familie, der Kultur und der Kirchengemeinde kennenlernt. Kritisch über diese Geschichten nachdenken kann es aber noch nicht. Darum müssen es sinnerfüllte Geschichten sein. Gott wird entsprechend als strenger, gerechter Vater gesehen, der belohnt und bestraft. Das Kind lebt in einem Kosmos von schnellen Belohnungen und Bestrafungen. Deshalb sind Formalismus und Moralismus die Glaubensformen der späten Kindheit. Dem Werksinn dieser Altersstufe entspricht der Wille, Aufgaben zu übernehmen und sie gewissenhaft zu erfüllen. Es ist also wichtig, dass das Kind sich jetzt einer Pfadfindergruppe anschließt oder dass die Kirchengemeinde eine Kindergruppe einrichtet, in der sich die älteren Kinder aufgehoben fühlen und Verantwortung übernehmen.

Im Alter von etwa 12 bis 25 Jahren (so lange rechnet heute die Wissenschaft das Jugendalter) entwickelt der Jugendliche den synthetisch-konventionellen Glauben. Synthetisch heißt, dass er aufgrund seiner Gehirnentwicklung, nämlich der Fähigkeit zum logischen, synthetischen, abstrakten und strukturellen Denken, sein Wissen, die Überzeugen und Glaubensinhalte in ein stimmiges und widerspruchsfreies System bringt. Die Geschichten (auch die der Bibel) werden in vielfältigen Bedeutungen zusammengesetzt, so dass eine Geschichte der Geschichten entsteht, z. B. die Heilsgeschichte. Durch Reflexion, Abstrahieren und Konstruieren entsteht ein System, und zwar ein logisch-widerspruchsfreies System von Lehren. Allerdings besteht es nur aus wenigen Elementen (wodurch es widerspruchsfrei sein kann), während die Fülle des Wissens und der Wirklichkeit ausgeschlossen bleiben. Was zu diesem System nicht passt, wird abgelehnt. Konventionell bedeutet: Die Jugendphase wird bestimmt durch die soziale Wechselseitigkeit, die interpersonale Zwischenmenschlichkeit (Intersubjektivität). Durch die wechselseitige Perspektivübernahme entstehen Freundschaften zu Gleichaltrigen des eignen oder auch des anderen Geschlechts. Der Jugendliche findet jemanden, für den er Vertrauen und Achtung empfindet, mit dem er stunden- und nächtelang spricht, und dies in einer Art von Spiegel-Kommunikation. Dies bewirkt eine Anpassung und dadurch das Konventionelle des Glaubens. Die Glaubensinhalte werden noch nicht selber geformt, sondern fertig von den Personen der eigenen Gruppe übernommen. Es kommt darauf an, was die Freunde und Gemeindeglieder glauben. Ohne eigenes kritisches Urteil werden die Glaubensüberzeugungen übernommen. Dabei wird die eigene Gruppe verabsolutiert. Diese Eins-zu-Eins-Beziehung kann der Jugendliche auch zu Institutionen eingehen, zur Kirchengemeinde, zum Staat und zur Gesellschaft, zu einem Verein usw. Dann wird das Lehr-System dieser Gruppe übernommen. – Den Symbolen wohnt eine sinnstiftende Kraft inne (Sakramente, Überlieferungen der eigenen Kirche oder örtlichen Kirchengemeinde). Die Verletzung solcher Symbole wird als Sakrileg empfunden. Sie widersetzen sich darum Änderungen des Gottesdienstablaufes, wie Gebetsformen und Liedern, überkommenen Verhaltensweisen, Kleidung, Speisegesetzen usw.

Im Gegensatz zu solchen formalen Verabsolutierungen ist das Gottesbild positiv. Der interpersonalen Wechselseitigkeit entspricht auch das Verhältnis zu Gott. Er weiß, wer wir sind und wer wir sein werden. Auf ihn können wir zählen als Freund, Gefährten, Retter, als das göttliche Selbst, das das eigene Selbst stützt und erfüllt. Er ist das interpersonale, absolute Selbst, in das ich mich einfühle, zu dem ich ein enges Verhältnis eingehe, dem ich alles anvertraue und der mir auch antwortet.

Mit Jugendlichen im Alter von 12 bis 16 Jahren werden Eltern sehr nachsichtig sein, weil dies eine sehr schwierige Zeit für die Kinder ist: der Umbau des Gehirns, bei dem die Zahl der Gehirnzellen und der Verbindungen zwischen ihnen halbiert wird, das plötzliche Längenwachstum, die Überschwemmung mit Sexualhormonen, die Trennung von den Eltern und Elterninstanzen, um ein Selbst zu werden usw. Eltern werden viele Kompromisse eingehen, wenn die Jugendlichen nur nicht die Verbindung zur Gemeinde abbrechen. Mit Jugendlichen im Alter von 16 bis etwa 21 Jahren werden wir darauf achten, dass sie in der Kirchengemeinde Verantwortungen übernehmen. Bis ins Alter von 25 Jahren kann eine Spannung zwischen Eltern und Kindern entstehen, wenn die Eltern in die reifere Phase des autonomen, sich selbst gestaltenden Selbst eingetreten sind. Die Kinder leben traditionell, die Eltern autonom. Wieder ist es nötig, dass die Eltern ihre Kinder verstehen und sie nicht zu überzeugen versuchen. Andererseits können die Kinder durch das Elternvorbild früher in die Phase des autonomen Selbst übergehen. Auch passen sie sich an den Lebensstil der Gleichaltrigen an, übernehmen aber die Werte der Eltern.

Darum will ich die späteren Stufen des Glaubens ebenfalls skizzieren. Mit etwa 25 Jahren, jedenfalls mit dem Eintritt in den Beruf, entscheidet sich, welche Glaubensstufe der Erwachsene sein Leben lang behalten wird oder ob er sich weiter entwickeln will. Eltern mit wenig Interesse an Bildung und geringem sozialen Status werden sich den mythisch wörtlichen Glauben bewahren. Wenn der Status der Eltern intergenerativ weiter gegeben wird, werden die Kinder mit den Eltern harmonieren. Wenn sie aber durch den Realschulabschluss, den Besuch eines Gymnasiums oder gar durch ein Hochschulstudium (was auf 10% von ihnen zutrifft) sozial aufsteigen, dann gibt es Spannungen. Ist allerdings die Familienatmosphäre liebevoll, bleibt das Verhältnis zu den Eltern gut; tiefere religiöse oder weltanschauliche Gespräche sind jedoch schwierig. Eltern mit mittlerem, gehobenem oder hohem sozialen Status stehen in der Gefahr, sich durch den Beruf zu vereinseitigen und zu stagnieren. Dann scheint es harmonisch, wenn Eltern und Kinder beide den synthetisch-konventionellen Glauben haben (60% der Kirchenmitglieder gehören zu dieser Stufe). Aber da für diese Glaubensstufe der Absolutheitsanspruch typisch ist, kann es sein, dass ihre Welt- und Glaubensbilder verschieden sind. Dann entsteht ein regelrechter Rangstreit um die Wahrheit.

Die Aufgabe des Erwachsenen ist es aber, weiter zu reifen zum individuierend-reflektierenden Glauben (40% der Kirchenmitglieder gehören zu dieser Stufe). Individuierend heißt: Der Erwachsene wählt und gestaltet seinen Glauben und die Wahl seiner Kirchengemeinde selbst, wobei er selbständig und verantwortlich prüft. Für seinen selbständigen Glauben übernimmt er Verantwortung. Dabei ist er unabhängig von äußeren Autoritäten. Reflektierend bedeutet: Das unreflektierte System der vorigen Glaubensstufe, die bisherigen Glaubensinhalte, Werte und Verpflichtungen werden kritisch geprüft. Das hat oft eine schmerzhafte Ablösung von den eingeprägten Glaubensinhalten zur Folge. Dies führt vor allem zu drei Kritiken:

1) Die *Traditionskritik* fördert zu Tage, das die eigene Kirchengemeinde, ihre Glaubensinhalte und vor allem Verhaltensnormen nicht absolut sind, sondern geschichtliche Wurzeln haben; und dass es Vorläufer gab und darum ein absoluter Anspruch nicht möglich ist. Vielmehr verbindet die gemeinsame Wurzel verschiedene Konfessionen miteinander.
2) Die *Symbolkritik* erlaubt Form und Inhalt von Symbolen zu unterscheiden. So dürfen Symbolformen der jeweiligen Zeit angepasst werden, während der Inhalt unverändert bleibt. Die sinnstiftende Kraft liegt eben nicht in den Symbolen selbst (als hätten sie in sich Seinshaftigkeit), wie Bibellesen, Gebet, Gottesdienstformen, Taufe, Abendmahl, Trauung, sondern in ihrer Bedeutung.
3) Die *Autoritätskritik* entmythisiert die Autoritäten. Waren die leitenden Personen der Kirche für das Kind geradezu Götter, so werden sie nun auf das normale menschliche Maß reduziert. Auch die Autoritäten der Vergangenheit werden historisiert und ihrer Absolutheit entkleidet. Autonomie ist eben zugleich Autoritätskritik. Die Autorität wird ins eigene Innere verlegt. Vor allem bildet sich der Erwachsene weiter, und zwar im Sinne einer fortgesetzten Allgemeinbildung, der nichts fremd bleibt. Deshalb gibt es für ihn keine absolute Wahrheit. Vielmehr ist Wahrheit perspektivisch. Der Fortschritt der Wissenschaf-

> ten und des menschlichen Wissens entwirft verschieden Perspektiven der Wahrheit, die in sich wahr sind, aber nicht Absolutheit beanspruchen, sondern fortschreitend sind. Für alle aber gibt es einen Horizont des Wissens und der Wahrheit, der nicht überschritten werden kann. Der Fortschritt in Wissen und Erkenntnis kann diesen Horizont ausweiten, aber nie überschreiten.

Auch die Gottesbeziehung verändert sich. Der Erwachsene hat Interesse an einem vernunftmäßig und zeitgemäß begründeten Glauben. Dabei erhebt er aber keinen absoluten Anspruch, sondern weiß um die Schwierigkeit von Gottesbeweisen, von Schöpfung und Vollendung, von Leid und Tod. Diese Bescheidenheit macht ihn fähig, mit anderen Glaubensrichtungen zu kommunizieren.

Wenn Eltern in dem individuierend-reflektierenden Glauben leben, werden ihre Kinder denselben Weg gehen. Es ist sogar so, dass sie früher diese Glaubensform erreichen, als wenn sie ihn selber entwickeln müssten. In dieser Konstellation kommt es zu tiefen Gesprächen zwischen Eltern und Kindern.

Mit dem normalen Ausscheiden aus dem Beruf entwickelt der alte Mensch das überindividuelle Selbst und den verbindenden Glauben. Er fühlt sich verbunden mit allen Menschen auf der Erde und mit Gott. Das Verbundensein mit Gott führt zum Ablegen der Werke und zum Ruhen in Gott. Diese Ruhe, dieses Gegründetsein in Gott, schenkt die Kraft zum Tätigsein in den etwa 30 Jahren, die das Alter umfassen. Darum sind reife alte Menschen ein Segen für ihre Umgebung. Sie wirken durch ihre

Weisheit und ihre innere Ruhe. Auch ihre Erkenntnis und ihr Wissen zielen aufs Wesentliche. Daraus erwächst eine neue Form von Freiheit. Der reife, in Gott gegründete Mensch kann durch seine eigene Freiheit, die Ungezwungenheit und Rezeptivität mit sich selbst und mit anderen frei umgehen. So erkennt er, dass man an die Wahrheit aus verschiedenen Richtungen, Perspektiven und Vorverständnissen herangehen muss. Dabei hält er die Spannung zwischen den verschiedenen Wahrheitsperspektiven aufrecht, ohne sie aufzulösen. Um der Wahrheit willen müssen die sich oft widersprechenden oder sogar einander ausschließenden Perspektiven aufrechterhalten werden, ohne sie in Simplifikationen aufzulösen. Darum werden dialektische Gegensätze und Paradoxien stehen gelassen. Durch diese Bescheidenheit und Weisheit und durch den verbindenden Glauben sind alte Menschen gerade Kindern und Jugendlichen eine große Hilfe.

11 Kind und Schule

Die Schule wirkt prägend in die Familie hinein. Familie, Schule und Berufsausbildung stehen somit in einem Zusammenhang (Engel, Hurrelmann 1989, S. 475–489; Lemberg, Klaus-Roeder 1977, S. 274; Noack 2010, S. 155f.). Die Funktion der Schule ist es, in der wettbewerbsorientierten Industriegesellschaft das Kind für die Arbeitswelt zu befähigen. Dafür erfüllt sie drei Aufgaben: Erziehung, Sozialisation und Selektion. Das bedeutet: Die Schule erzieht nicht nur, sondern sie führt auch in die Gesellschaft, in ihre Geschichte und Kultur ein, und sie sortiert die befähigten und die nicht befähigten Schüler. Für Kinder ist es wichtig, allen Anforderungen zu entsprechen. Denn ihr zukünftiger Status wird nicht mehr von der Herkunftsfamilie und traditionellen Privilegien bestimmt wie in der Klassengesellschaft, sondern von Bildung und Leistung, mit denen sich jemand im Wettbewerb durchsetzt.

Trotzdem zeigt es sich, dass das Einkommen der Eltern, die Lebensbedingungen innerhalb der Familie und die Familien- und Verwandtschaftskultur über den Schulerfolg der Kinder entscheiden. Was allerdings die heutige Schule von der alten Standesschule unterscheidet, ist, dass trotz aller Begünstigungen durch die Herkunftsfamilie jedes gebildete Kind mit dem Nachweis gehobener Bildungsabschlüsse unabhängig von seiner Herkunft gleiche Chancen bei der Übernahme von höheren Positionen in der Produktion, Dienstleistung und Verwaltung hat. Die Schule ist demnach der stärkste Faktor für den sozialen Aufstieg.

Weil das so ist, lässt sich eine Zunahme des elterlichen Interesses an höheren Bildungsabschlüssen ihrer Kinder beobachten. So zeigen Rolff, Klemm und Tillmann, dass der Anteil der Eltern, die einen Hauptschulabschluss für ihr Kind wünschten, von 31% im Jahr 1979 auf 11% gesunken ist, während der Anteil jener, die sich für ihre Kinder das Abitur wünschten, von 37% auf 54% gestiegen ist (Rolff, Klemm, Tillmann 1986). Allerdings ist das Interesse der Eltern an der Schule ungleichmäßig verteilt. Eltern der Unterschicht zeigen in der Regel sehr viel weniger Interesse am Schulerfolg der Kinder als Eltern der oberen Mittelschicht. In gleicher Weise besteht auch ein Zusammenhang zwischen sozialer Herkunft und schulischer Selektion (Auswahl). Eine Erhebung vom Herbst 1986, die durch die PISA-Studie bestätigt wird, zeigt, dass die Wahrscheinlichkeit, dass Kinder das Abitur machen und studieren nach wie vor vom Bildungsstatus ihrer Herkunftsfamilie und dem pädagogischen Selbstbewusstsein der Eltern abhängig ist. So erlangten Kinder, deren Väter das Abitur abgelegt hatten, weit häufiger die Hochschulreife als andere Gleichaltrige. Dabei ist festzustellen, dass deutlich mehr Arbeiterkinder die Schule abbrechen als Kinder von Angestellten und Beamten. Dieses Missverhältnis steigert sich noch einmal beim Übergang zur Hochschule (Engel, Hurrelmann 1989, S. 476ff.).

Die Ursachen für das ungleiche pädagogische Selbstbewusstsein in den einzelnen Schichten sind vielfältig. Am stärksten scheint sich die Sprachbarriere auszuwirken. Basil Bernstein hat nachgewiesen, dass in der Unterschicht ein restringierter

Sprachkode (Bernstein 1960; Noack 2010, S. 188–190) verwendet wird, der arm ist an Ausdruck und Symbolen; während die obere Mittelschicht einen elaborierten Sprachkode bevorzugt, der wortreich und hoch strukturiert ist. Schon in der Schule wird der elaborierte Sprachkode vom Lehrer, der ja selbst meist in der oberen Mittelschicht sozialisiert worden ist, verlangt; das Arbeiterkind kann ihn jedoch nicht vorweisen. Deshalb sind sein Schulerfolg und seine Möglichkeit zu studieren gering; nur 10% dieser Gruppe machen Abitur. So ist trotz gleicher rechtlicher Bildungschancen die reale Chance, einen gehobenen Bildungsabschluss zu erreichen und damit später privilegierte Positionen einnehmen zu können, sehr ungleich verteilt. Tatsächlich kann man sowohl von vererbter Privilegierung wie auch Unterprivilegierung sprechen. Dies ist umso entscheidender, als Bildung der entscheidende soziale Aufstiegsfaktor ist (Harsdorff 1996, S. 13ff.).

Daraus folgt, dass für den Schulerfolg und damit für die sozialen Aufstiegschancen mehrere Faktoren entscheidend sind (Engel, Hurrelmann 1989, S. 478–486). Als erstes ist zu nennen, dass die Familie die Sprachfähigkeit und das Lerninteresse der Kinder fördert. Weiterhin ist es vorteilhaft, wenn die Familienkultur und die Schulkultur einander gleichen. Auch sollte die Familie die Kinder darauf vorbereiten, dass sie ihre Konsumwünsche zurückstellen zugunsten des Lernens am Gymnasium und an der Universität. Schließlich ist es sehr wichtig, dass die Kinder Freunde haben, mit denen sie sich gegenseitig beim Lernen unterstützen.

Eltern und Kinder müssen deshalb dazu ermutigt werden, dass die Kinder zumindest den Realschulabschluss machen.

Denn dies ist die Mindestanforderung von Arbeitgebern für das Angebot einer Lehrstelle. Aber auch für viele nichtakademische Berufe ist heute das Abitur Voraussetzung. Eltern können vieles tun, um Kinder und Jugendliche ermutigend zu beeinflussen. Sie können auch die Lehrer besuchen und mit ihnen beraten, wie das Kind bzw. der Jugendliche besser gefördert werden kann. In der Kirchengemeinde wird die Jugendbildung ein Bestandteil der Kinder- und Jugendarbeit sein und auch die Pfadfinder bieten vielfältige Anregungen, die sich in der Schule positiv auswirken.

Nicht zuletzt muss der Staat Schulstrukturen schaffen, die verhindern, dass Schüler, vor allem Hauptschüler, die Schule vorzeitig abbrechen. Außerdem muss der Übergang von der Realschulreife zum Gymnasium durchlässiger werden.

12 Schul- und Spielkameraden

Was für die Erwachsenen die Arbeitskollegen sind, das sind für die Kinder und Jugendlichen die Schul- und Spielkameraden. Mit ihnen verbringen sie einen großen Teil der Freizeit (Noack 2010, S. 157–159).

Schule und Straße sind neben der Familie und dem Haus die wichtigsten Aufenthaltsorte von Kindern und Jugendlichen. Die gleichaltrigen Freunde sind in der Schule und auf der Straße teils gleich, teils verschieden.

Schulfreunde können meiner Erfahrung nach hilfreich oder schädlich sein. Es gibt in der Kindheit sogenannte Freunde, die vom Lernen abhalten (wer lernt, ist ein „Streber") und zu bösen Streichen anstiften. In der Jugend gibt es die Gleichaltrigengruppen, die unter Umständen Cliquen bilden, um zu rauchen, Alkohol zu trinken, Drogen zu nehmen und kleinere kriminelle Handlungen zu verüben. Oft aber sind die Freundschaftsgruppen harmlos – man trifft sich, hört Musik, redet miteinander; doch die Kinder und Jugendlichen fördern sich nicht gegenseitig. Im Gegensatz dazu habe ich z. B. in meiner frühen Jugend in der Realschule in Königsberg in den Klassen 8 bis 10 zwei gute Freunde gewonnen, mit denen ich mich gemeinsam auf die Klassenarbeiten vorbereitete. Und weil beide Freunde in der Klasse einen guten Status hatten, war es möglich zu lernen, ohne als Streber verachtet zu werden. Später, nach dem Krieg, in München in den Klassen 11 und 12 (man machte in Bayern 1948 nach der Klasse 12 das Abitur) hatte ich Freunde, die mir Nachhilfeunterricht gaben – und ich ihnen. Ohne sie hätte ich, von der Realschule kommend, das Abitur kaum geschafft. Wichtig ist es also, fördernde Klassenkameraden zu finden. Die Eltern können dies vorsichtig unterstützen und fördern.

Straßenfreunde sind teils Schulkameraden, teils Kinder aus der Nachbarschaft. Sie sind in der Kindheit die Voraussetzung dazu, Abenteuer zu erleben, Sport zu treiben, miteinander zu reden, die Kräfte zu messen und im Vergleich mit den anderen sein Selbstwertgefühl, sein Selbstbild und seine Selbstbewertung zu bilden und zu stabilisieren. Gelingt dies, dann ist die gleichaltrige Bezugsgruppe förderlich. Misslingt es, sind oft schwerwiegende Minderwertigkeits- und Unterlegenheitsgefühle die Folge. Daraus können Leistungsverweigerung, Darstellung der eigenen Schwäche, Kränklichkeit usw. resultieren. Für die älteren Kinder sind darum die Pfadfinder eine ausgezeichnete Bezugsgruppe, in der das Kind Techniken des Umgangs mit Natur und Alltag lernt, wo Werte vermittelt werden, und in der es, auch wenn es der Schwächere ist, geschützt wird. Für Eltern ist es darum wichtig, die Kinder darin zu unterstützen, gute Freundschaften zu finden und sie vor schädigenden Beziehungen zu schützen.

In der Jugend ist die gleichaltrige Bezugsgruppe, wie wir gesehen haben, von großer Bedeutung (Blaschke, Dietrich 2002, S. 152f.; Höring 2000, S. 62–74). 87% der Jugendlichen aus den alten Bundesländern und 82% aus den neuen haben einen gleichgeschlechtlichen „besten" Freund. Einen gegengeschlechtlichen Freund bzw. eine Freundin haben 50%, wobei die Zahl der gegengeschlechtlichen Beziehungen mit dem Alter steigt, während der „beste Freund", die „beste Freundin" nicht verdrängt werden. Zwischen 16 und 18 Jahren entwickeln die Jugendlichen die Zwischenmenschlichkeit (Intersubjektivität). Sie schaffen sich Beziehungen und leben in ihnen – mehr noch: Sie sind diese Beziehungen. Ich erinnere mich an die nächtelangen Gespräche mit meinen gleichaltrigen Freunden über alle Probleme der Welt. So kann ich bestätigen, dass solche gleichaltrigen Bezugsgruppen dazu dienen, Vorbilder und Leitbilder zu finden, die Identität auszubilden und den Lebensstil zu finden, während die Werte weitgehend immer noch von der Familie weitergegeben und von den Jugendlichen übernommen werden. Auch werden verschiedene Rollen ausprobiert und Elemente eines Weltbildes gefunden, und schließlich können Intimität (innere, vertraute Beziehungen von Person zu Person) und Partnerschaft eingeübt werden. Die Bedeutung der gleichaltrigen Bezugsgruppen, der Peergroups, ist also nicht zu unterschätzen, wenn auch in Deutschland die Familie immer noch den ersten Rang einnimmt. Denn 50% der Jugendlichen halten die Familie und die gleichaltrigen Freunde für gleich wichtig und 60% der Jugendlichen verbringen ihre Zeit sowohl mit der Familie als auch mit den gleichaltrigen Freunden. Dafür, dass die Bedeutung der Gleichaltrigengruppe zunimmt, scheint es drei Gründe zu geben (Höring 2000, S. 63f.): *Erstens*, die lange Schulzeit, die es erlaubt, langfristige Beziehungen zu pflegen. *Zweitens*, gestattet der freie, partnerschaftliche Erziehungsstil der Eltern den Jugendlichen, sich von der Familie teilweise zu lösen und frei gewählte Beziehungen einzugehen. Gerade diese Partnerschaft ist auch der

Grund, warum Familie und Gleichaltrigengruppe in einem wechselseitigen Anerkennungsverhältnis stehen. Und *drittens*, bilden Familie und Gleichaltrigengruppe in der pluralisierten und funktional differenzierten Gesellschaft Inseln, auf denen der Jugendliche leben und überleben kann.

13 Erziehung zum Gemeinschaftsgefühl

Nach Alfred Adler gibt es zwei Grundbestrebungen im menschlichen Seelenleben: das Machtstreben und das Gemeinschaftsgefühl (Rattner 1961, S. 29–38). Ersteres erwächst aus einem Minderwertigkeitsgefühl, das durch Machtstreben kompensiert werden soll. Die Verwirklichung der Macht kann zahllose Formen annehmen. Immer aber geht es um die eigene Erhöhung und Überlegenheit und die Herabstufung der anderen, die für die eigene Machtverwirklichung missbraucht werden. Der Machttrieb ist also neurotisch; er ist krank. Diese Lebenslinie führt Täter und Opfer ins Verderben. Das Gemeinschaftsgefühl ist sein Gegenspieler. Je geringer der Machttrieb, desto stärker ist das Gemeinschaftsgefühl und umgekehrt. Es ist angeboren: Mitmenschlichkeit ist die Grundstruktur der menschlichen Existenz. Der Mensch ist ein Gemeinschaftswesen; nur in Gemeinschaft kann er überleben. Dabei hängt das Gemeinschaftsgefühl von der Erziehung ab, von den Eindrücken und Einflüssen in der Kindheit und Jugend. Entscheidend ist bereits die Symbiose zwischen Mutter und Säugling. Noch ehe das Kind sprechen kann, versteht es die Sprache der Familie und reagiert auf sie. So entsteht ein Gefühlsaustausch – primär mit der Mutter, aber auch mit dem Vater und den Geschwistern. Das Kind lernt zu kooperieren und sich in die Gemeinschaft einzuleben. Aber es genügt nicht, das Gemeinschafsgefühl zu erwecken, es muss entwickelt und ausgeweitet werden, nämlich auf die familienüberschreitenden Lebensgebiete von Verwandtschaft, Freundschaft, der Liebe, der Kultur, der Bildung und schließlich auf die ganze Menschheit. Erwin Wexberg (1931) hat fünf Merkmale aufgezeigt, an denen man das Gemeinschaftsgefühl erkennen kann (siehe auch oben): (1) *Sachlichkeit* stellt die Wirklichkeit über die Wünsche. (2) *Logik im Denken* geht den objektiven Sachverhalten nach, unabhängig von Vorurteilen und Wünschbarkeiten. (3) *Bereitschaft zur Leistung* macht den Gemeinschaftsmenschen willig, seinen Beitrag zum Gemeinwesen zu leisten. (4) *Bereitschaft zur Hingabe* an die Mitmenschen des Lebenskreises, an Natur und Kultur. Und schließlich (5) *Verantwortung für das eigene Handeln*, für die Bereiche der Liebe, Arbeit und Gemeinschaft.

Wenn unsere Kinder soziales Interesse entwickeln, werden sie glückliche, erfolgreiche und seelisch ausgeglichene Menschen werden.

14 Kranke Kinder

Esther Fischinger legt dar, dass wir zunächst verstehen müssen, was Kinder fühlen, wenn sie krank sind (Fischinger 1996, S. 79–82; Noack 2010, S. 81f.). Sie können sich – dies ist vom Alter abhängig – nicht vorstellen, was in und mit ihrem Körper geschieht. Ihre Wahrnehmung vom Körper und ihr Bild vom physischen Leib unterscheiden sich grundlegend von den Erwachsenen, die ja ihre Körperfunktionen kennen. Sie sind geneigt, die Vorgänge in ihrem Organismus mit irrationalen Fantasien zu belegen, und das gesamte Geschehen ist für sie unbegriffen und unbegreifbar, so dass sie mit Angst reagieren.

Diese Vorgänge verstärken sich, wenn das Kind im Krankenhaus behandelt wird. Denn das Kind verliert dort seine gewohnte, halt- und sicherheitsgebende Umgebung, die Spielwelt, den gewohnten zuverlässigen Alltag, die gesamte kindliche Lebenswelt, das eigene Zimmer und Bett sowie die ständige Gegenwart der Eltern, die das Kind stabilisieren. Stattdessen muss es sich in eine unvertraute Umwelt einfügen, die ihm fremd und bedrohlich erscheint, auch weil ständig an und mit ihm etwas gemacht wird, das es nicht versteht. Vieles, was Ärzte und Schwestern sagen, begreift das Kind nicht oder versteht es falsch, weil seine Sprache völlig anders strukturiert ist. So sagt noch ein Dreijähriger, „Die Trockodiele leben im Lamm." statt „Die Krokodile leben im Schlamm.". Das Kind leidet unter dem Trennungs- und Verlustschmerz, und zwar von allem, was sein Leben gewesen ist. Hinzu kommt, dass das Kind im Bett liegen muss und nicht die Umgebung rennend, kletternd oder Fahrrad fahrend erkunden und begreifen kann.

Die Folge sind Angst, Rückzug, aggressives Verhalten oder auch die Rückkehr in das Babyverhalten, wie Nuckeln, Einnässen usw.

Wie können wir kranken Kindern helfen? Zunächst halte ich für wichtig, so viele Lieblingssachen des Kindes, wie die Ärzte erlauben, ins Krankenhaus zu bringen, damit es etwas seiner geliebten und gewohnten Welt bei sich hat, etwas Vertrautes, wie das Lieblingsauto, die Lieblingspuppe oder das Lieblingstier, die Lieblingsbücher usw. Auch können wir es mit seinen Lieblingssüßigkeiten und Getränken verwöhnen, wenn es erlaubt ist. Krankheit soll ruhig die große Verwöhnzeit für das Kind sein.

Sobald das Kind das Bett verlassen darf, können wir mit ihm spielen und währenddessen mit ihm sprechen. Wir werden auf Fragen des Kindes eingehen, was Krankheit ist, wozu sie denn überhaupt da ist, wer an ihr schuld hat, was im Körper vorgeht usw. Oder wir lesen eine Geschichte vor oder erzählen sie - das geht auch, wenn das Kind im Bett liegen muss. Wir singen mit ihm sein Lieblingslied. Vor allem dürfen wir nicht vergessen, bevor wir weggehen, mit dem Kind zu beten und es mit Handauflegen zu segnen. Besonders Kinder bis zu einem Alter von sechs Jahren nehmen solch eine Handlung in ihr Leben auf.

15 Kinder haben Probleme

Die Kindheit ist zeitweise alles andere als eine glückliche Zeit. Die Entwicklungsphasen folgen rasch aufeinander, und weil die Übergänge krisenhaft sind, lebt das Kind in einem wiederkehrenden Wechsel von Stabilität und Instabilität, von Ausgeglichenheit und Unglücklichsein. Problemfelder des Kindes sind meines Erachtens besonders die Familie, die Gleichaltrigen und die Schule (Noack 2010, S. 85–87).

Familienprobleme: Sie sind vor allem Konkurrenzprobleme. Mit zwei Jahren löst sich das Kind aus der Mutter-Kind-Symbiose und strebt nach Autonomie. Dieser Vorgang ist notwendig, aber auch krisenhaft. Das Kind entwickelt einen Ablösungstrotz (erste Trotzphase), der Eltern und Geschwister schwer belastet. Ich würde den Eltern raten, den Willen des Kindes zu erfüllen, sofern dies verantwortbar ist, und im Übrigen sich zurückzuziehen, bis der Trotzanfall sich gelegt hat. Andere Konkurrenzen treten im Alter von drei bis sechs Jahren auf. Der Junge konkurriert mit dem Vater, das Mädchen mit der Mutter, weil der Junge sich an die Mutter anschließt, das Mädchen hingegen an den Vater. Ich möchte den Eltern raten, Freundschaft mit dem Kind zu schließen: Der Vater wendet sich besonders dem Jungen zu und lässt ihn in den Konkurrenzen gewinnen, und die Mutter tut dasselbe bei der Tochter. Auch in der Phase zwischen sechs und zwölf Jahren ist das Leben des Kindes weitgehend von Konkurrenzen bestimmt: Mit den Eltern, mit den Geschwistern, mit den gleichaltrigen Spiel- und Schulfreunden und mit den Anforderungen der Schule. All diese Rivalitäten muss das Kind bestehen, um Leistungsfreude zu entwickeln. Gelingt dies nämlich nicht, dann entsteht ein Komplex von Minderwertigkeitsgefühlen, der im Unbewussten aus Unterlegenheitsgefühlen, Schuldgefühlen, Ängsten, ungelebtem und abgelehntem Leben. Ich rate den Eltern, das Kind auf vielfältige Weise zu ermutigen, indem sie ihm Aufgaben stellen, die es erfüllen kann, es nicht tadeln, ihm nicht seine Minderwertigkeit vor Augen zu führen, sondern ihm statt dessen Mut zu machen. Das Kind wird ermutigt, wenn es auf Gebieten, auf denen es befähigt ist, gefördert wird und darum schnelle Fortschritte machen kann. Wichtig ist in diesem Zusammenhang, mit zunehmendem Alter die Unabhängigkeit des Kindes zu fördern.

Besonders schwerwiegende Familienprobleme sind Vernachlässigung, Gewalterfahrungen und sexueller Missbrauch sowie sexuelle Gewalt (Noack 2003, S. 171–179). Auch in christlichen Familien erleiden Kinder solche Gewalt- und Missbrauchserfahrungen. Wenn der Pastor der Kirchengemeinde oder der Klassenlehrer in der Schule solche Übergriffe bemerken, sollten sie die Initiative ergreifen und mit dem Arzt und Psychologen, dem Jugendamt und wohl auch mit der Polizei zusammenarbeiten.

Gleichaltrigenprobleme: Auch sie sind primär Rivalitäten, denen sich das Kind stellen muss. Unterliegt es, dann hat es in der Gleichaltrigenhierarchie eine niedere Position, und es kann sich nicht entfalten. Die Folgen sind Hemmungen, Angst, Arbeitsunlust, Schulversagen und vieles mehr. Ich habe erfahren, dass die

Positionierung innerhalb der Gleichaltrigengruppe ungleich entscheidender für die Schulleistung ist, als es das Schüler-Lehrerverhältnis ist. Wenn Eltern merken, dass ihr Kind in der Schule versagt, weil es von den Mitschülern unterdrückt wird, dann sollten sie ihr Kind in einen Sportverein schicken oder es eine Ausbildung in Selbstverteidigung machen lassen, um sein körperliches Selbstwertgefühl zu stärken. Sobald sich die Position in der Gleichaltrigengruppe verbessert, wird das Kind immer selbstbewusster und leistungsfähiger – auch in der Schule.

Schulprobleme: Seit 1717 gab es in Preußen „die preußische Volksschule für alle". Rasch setzte sich daraufhin die Schulpflicht in allen deutschen Ländern durch. Immer aber wurden ihr vom Staat Vorgaben gemacht. Weil zunächst die Pfarrer den Schulunterricht übernahmen, war er religiös geprägt. Gleichzeitig sollte die Schule gehorsame Landeskinder erziehen (politische Integration). Nach den Revolutionen des 19. Jahrhunderts, vor allem bereits nach der von 1848 wurde die Schule unpolitisch und wirtschaftlich orientiert. Dies kommt vor allem in der Reichsschulkonferenz von 1890 zum Ausdruck, in der die Unterordnung der Schule unter die politische und ökonomische Macht festgeschrieben wurde. Diese Zielsetzung wurde zwar von den Reformpädagogen der 20er Jahre des 20. Jahrhunderts bestritten, aber sie wurde bis heute nicht völlig aufgegeben: Die Schule soll Kinder zu mündigen, demokratischen Bürgern machen und sie für die Arbeitswelt befähigen. Dies klingt modern, folgt aber der alten preußischen Zwecksetzung der Schule: Unterordnung unter Staat und Arbeit. Heute hat die Schule meines Erachtens vier Hauptfunktionen: (1) *Personalisation* und *Indivi-*

duierung, (2) *Erziehung* und *Bildung*, (3) *Sozialisation* und *Enkulturation* sowie (4) *Selektion*. *Personalisation* meint, dass das Kind ein reifer Erwachsener werden soll. *Individuierung* ist notwendig, weil das Kind in der modernen pluralen Gesellschaft seine Lebensmöglichkeiten und seinen sozialen Lebensraum selber finden und darüber entscheiden muss. *Erziehung* und *Bildung* bilden die klassische Funktion jeglicher Erziehung. *Sozialisation* führt das Kind in die Gesellschaft ein, während die *Enkulturation* es zu einem Kulturwesen gestaltet. Die *Selektion* hingegen liest die Erfolgreichen, aber vor allem die Erfolglosen aus und weist sie einer anderen Schulform zu. Die Funktion der Selektion, so bemerken wir, ist der Grund für Prüfungsängste, Versagensängste, Minderwertigkeitsgefühle, Gefühle des Ausgeliefertseins usw. Daraus resultiert das Unbehagen der meisten Menschen gegenüber der Schule (Stoodt 1993, S. 630–365; 638–641).

Völlig im Gegensatz dazu steht das Verhältnis der Kinder zu ihren Lehrern. Die Schule hält viel mehr Unterstützungsleistungen bereit als die Vorurteile über sie vermuten lassen. Hurrelmann hat nachgewiesen, dass für Kinder und sogar noch für Jugendliche die Eltern und Geschwister den ersten Rang einnehmen, dann folgen die Freunde und schon an dritter Stelle stehen Verwandte und Lehrer (Hurrelmann 1990, S. 118), wenn es darum geht, mit anderen über ein persönliches Problem zu sprechen. Damit liegen die Lehrer auf Rang drei, weit vor den professionellen Helfern. Wir können darum feststellen, dass die Schule als Institution zwar oft abgelehnt wird, die Lehrer hingegen eine wichtige Unterstützungsfunktion für die Kinder und

Jugendlichen übernehmen. Eine weitere Unterstützungsfunktion der Schule wird weitgehend übersehen: Die meisten erleben die unvergessliche „erste Liebe“ in der Schule.

Weil Kinder und Jugendliche ihre Lehrer so hoch schätzen, ermutige ich die Eltern, bei Schulproblemen der Kinder die Lehrer zu besuchen. Meine Erfahrung zeigt, dass es für den Lehrer wichtig ist, von den Eltern Informationen über die Probleme des Kindes zu erhalten, während die Eltern etwas über das Verhalten des Kindes in der Schule erfahren. Oft werden im verständnisvollen Gespräch die Ursachen offen gelegt und Eltern und Lehrer können gemeinsam handeln. Eine wichtige „Nebenwirkung“ ist, dass der Lehrer dem Schüler mehr Aufmerksamkeit widmet, Verständnis zeigt und sogar bessere Noten gibt.

Wenn Eltern solche Erziehungsgrundsätze befolgen, bilden sich Bindungen heraus, die eine sichere Lebensgrundlage bilden

16 Kind und Sexualität

Die Voraussetzung für jedes erzieherische Verhalten ist auch in der Sexualerziehung das Eltern-Kind-Verhältnis. Dafür ist es wichtig zu wissen, wer das Kind ist (zum Folgenden: Noack 2003, S. 171–179). Zunächst einmal kann das Kind als Gegenbild des Erwachsenen, also auch der Eltern, betrachtet werden. Es bedarf der Für-Sorge. Ist nämlich die Existenz des Menschen bestimmt durch seine Zeitlichkeit, dann ist seine Befindlichkeit die Sorge (M. Heidegger, 1993). Als Gegenbild des Erwachsenen ist dann das Kind bestimmt durch die Sorglosigkeit. Der Erwachsene muss darum an der Stelle des Kindes für das Kind sorgen in der Für-Sorge und dem Um-Sorgen, indem es eingehüllt wird in Geborgenheit und Sicherheit. Natürlich unterliegt auch das Kind der Zeitlichkeit, auch wenn es noch kein Bewusstsein von Zeit hat. Die Zeitlichkeit des Kindes ist jedoch weniger ein Sein zum Tode (Heidegger) als ein Sein zum Erwachsenwerden. Zeitlichkeit bedeutet für das Kind ein Herauswachsen aus der Kindheit und ein Hinwachsen zum Erwachsenwerden. Wachstum bedeutet jedoch stets Wandlung. Damit trägt das Kindsein den Charakter der Vorläufigkeit. Und dies in doppelter Hinsicht. Einmal ist das Kindsein ein Provisorium, eine Lebensphase, die vorübergeht. Zum anderen aber bedeutet die Vor-Läufigkeit das Vorlaufen in die Zukunft. Weil das Kind noch kein Zeitbewusstsein besitzt, muss der fürsorgende Erwachsene die Zukunft des Kindes antizipieren. Dies ist die Dimension sowohl der Erziehung als auch der Für-Sorge.

So ist das Kindsein geprägt durch den Eigenwert des Kindseins. Es ist geprägt durch das Abhandensein von Zeitlichkeit und darum auch der Sorge. Deshalb stehen an erster Stelle für die Tätigkeit des Erwachsenen die Pflege und die pflegende Für-Sorge; erst hierdurch kann das Kind seine spezifische Lebensweise gewinnen. Gerade das Abhandensein von Sorge ist für das Kindsein existentiell. Das In-der-Welt-Sein des Kindes ist seine Daseinsweise, bei und in der sorgenden, fürsorgenden und umsorgenden Liebe der Eltern zu sein. Wird dem Kind solch eine Sorglosigkeit geschenkt, dann ist dies das beste Lebenskapital, das ihm mitgegeben werden kann. Die Urerfahrung der Liebe schafft ein Urvertrauen, das dem Kind, wenn es erwachsen wird, bei allem Ins-Leben-geworfen-Sein eine Daseinsvertrautheit schenkt. Andererseits wissen alle Eltern um die Kinderängste. Die Angst scheint allen erziehenden und fürsorgenden, pflegenden Bemühungen der Eltern vorauszugehen. So ist all unsere Sorge für das Kind Antwort und Reaktion auf die Ängste des Kindes. Auch Kinder stehen schon im Konflikt von Daseinsangst und Daseinsvertrautheit, und die Erziehung, Pflege und Für-Sorge haben zur Aufgabe, der Daseinsvertrautheit zum Sieg zu verhelfen. Wenn die Erziehung versagt, dann regiert im Kind die Daseinsangst. Für die phänomenologische Betrachtung gibt es eine innere Wesensbezogenheit zwischen Daseinsvertrautheit, Liebe und Gemeinschaft auf der einen Seite und Lebensangst, Einsamkeit und Verlassenheit auf der anderen. Welche Lebensmodi ein Kind ins spätere Leben mitnehmen kann, darüber entscheiden Für-Sorge, Um-Sorgen, Hilfe, Weltvertrautheit und geschenkte Sorglosigkeit. Nur wenn solch eine Eltern-Kind-Relation gegeben ist, kann gerade auch Sexualerziehung gelingen.

Kinder sind sexuelle Wesen; es gibt eine kindliche Sexualität. Deshalb sagen Kindesverführer, Kinder wollten Sex, und darum seien sexuelle Handlungen an Kindern keine sexuelle Gewalt (Brongersma 1980). Tatsächlich entwickeln viele Kinder schon früh ein reiches Sexualleben. Nach Kentler sind schon im Mutterleib beim Jungen Erektionen zu beobachten; und Jungen haben, wenn sie geboren werden, oft einen erigierten Penis. Jungen und Mädchen sind zu multiplen Orgasmen fähig (Kentler 1994, S. 44). Schuhrke berichtet (Schuhrke 1994, S. 97, 115), dass bereits bei der Geburt und bei wenige Wochen alten Jungen Erektionen und bei Mädchen Vaginallubrikationen beobachtet wurden. Erektionen bei Knaben in den ersten Lebenswochen bis ins Alter von sechs Jahren scheinen also häufig vorzukommen; sie sind normal. Schwieriger ist das Sexualverhalten von Mädchen zu beobachten. Aber auch sie versuchen sich Lustgewinn zu verschaffen, indem sie die Klitoris stimulieren.

Volbert unterscheidet *auto-erotisches Verhalten* und *sozio-sexuelle Handlungen* bei Kindern (Volbert 1998, S. 385–391):

- *Auto-erotisches Verhalten* äußert sich im ersten Lebensjahr durch eine Erkundung des eigenen Körpers, die die Genitalien mit einschließt. Spielerisches taktiles und visuelles Entdecken des Genitalbereiches beginnt beim Jungen zwischen dem sechsten und zehnten Lebensmonat, beim Mädchen etwas später. Im zweiten Lebensjahr nehmen spielerische Manipulationen des Jungen an seinem Penis und des Mädchens an seiner

Klitoris zu. Die sensumotorische Entwicklung des Kindes macht auch die willentliche, zielgerichtete, lustvolle Handlung möglich. Ab dem dritten Lebensjahr wird das Spielen an den Genitalien noch zielgerichteter eingesetzt, um lustvolle Gefühle zu erzeugen. Zwei bis dreijährige Kinder können bereits durch selbststimulatives Verhalten Orgasmen hervorrufen. Dies scheint bei der Mehrheit der Kinder der Fall zu sein.

- *Sozio-sexuelle Handlungen* beginnen mit dem 12. bis 14. Lebensmonat, wenn Kinder zunehmend Neugier entwickeln, die sie auf andere Personen und deren Genitalien richten. Zuerst sind die Eltern Gegenstand des sexuellen Interesses; ab dem 16. und 18. Lebensmonat auch die Geschwister. Gelegenheiten hierfür sind der Besuch der Toilette und das gemeinsame Baden. Andere Kinder werden etwa ab dem zweiten oder dritten Lebensjahr in sexuelle Handlungen einbezogen. Dabei geht es sowohl um das Betrachten der Geschlechtsteile anderer Kinder als auch um das Zeigen der eigenen Geschlechtsteile. Diese Verhaltensweisen zeigt die Mehrzahl der Kinder zwischen drei und sechs Jahren.

Gordon und Schroeder beschreiben folgende sexuelle Verhaltensweisen, die für Kinder normal sind (Gordon, Schroeder 1995):

- *Bis ins Alter von zwei Jahren*: Genitale Exploration, Erektionen und vaginale Lubrikationen, Erfahrung von angenehmen genitalen Gefühlen, Berührung von Genitalien Anderer, Genießen von Nacktheit und Ausziehen in Gegenwart von anderen.

- *Drei bis fünf Jahre*: Lustvolles Masturbieren, unter Umständen bis zum Orgasmus, sexuelle Spiele mit Gleichaltrigen und Geschwistern, Zeigen der eigenen Genitalien, Exploration der eigenen Genitalien und der von Anderen, Versuche, den Geschlechtsverkehr zu imitieren.
- *Sechs bis zwölf Jahre*: Sexuelle Spiele mit Gleichaltrigen und Geschwistern, Rollenspiele (Vater – Mutter; Doktor – Patient usw.) und sexuelle Fantasien, Küssen, gegenseitiges Masturbieren, simulierter Geschlechtsverkehr. Allerdings masturbiert das Kind fast ausschließlich, wenn es allein ist. Scham und Verlegenheit bewirken, dass die sexuellen Spiele vor den Erwachsenen geheim gehalten werden. Bei einigen Kindern treten Fantasien von Sexualität auf. Kinder zeigen Interesse für die in den Medien gezeigte Sexualität. Im Alter von zehn bis zwölf Jahren beginnen die körperlichen Veränderungen: beim Mädchen die Menarche, bei Jungen die ersten nächtlichen Ejakulationen.
- *13 Jahre und älter*: Die Pubertät setzt voll ein, die Menarche beim Mädchen spätestens mit 16, die Ejakulationen beim Jungen spätestens mit 15. Verabredungen, gegenseitiges Küssen und Petting, sexuelle Fantasien und Träume, oftmals der erste Geschlechtsverkehr. Dabei befindet sich der Jugendliche heute in einer völlig neuen Lage. Als beispielsweise meine Urgroßmutter mit 14 Jahren heiratete, bekam sie schon bald ihr erstes Kind. Heute beträgt das durchschnittliche Heiratsalter in Deutschland bei Frauen 28 und bei Männern 32 Jah-

re – ein Alter, in dem im Mittelalter die meisten Menschen bereits verstorben waren. Diese lange Zeit zwischen dem Beginn der Pubertät und dem rechtlichen Beginn des ehelichen Verkehrs muss der Jugendliche überbrücken. Für Eltern ist es wichtig, diesen Umstand zu bedenken.

Die Kenntnis solch einer sexuellen Normalentwicklung des Kindes ist wichtig, damit die Eltern ihre Kinder altersgemäß erziehen können. Es gibt natürlich auch Kinder, die im Sinne einer Übersexualisierung des Kindes von diesem Normalverhalten abweichen. Darum weist Renate Volbert (Volbert 1998, S. 394f.) zu Recht darauf hin, dass es auch in der Normalentwicklung stark sexualisierte Kinder gibt. Dies sollte die Eltern nicht ängstigen; und vor allem ist es wichtig zu wissen, dass auch solche Kinder „normal" sind. Im Übrigen besteht sexuelle Aufklärung darin, den Kindern ihre Fragen zu beantworten, und zwar offen und genau, nicht in Bildern aus der Natur. Dabei werden wir die objektiven Ausdrücke verwenden: Penis, Vagina, Klitoris, Geschlechtsverkehr usw. Dadurch ist die Aufklärung kontinuierlich und des Geheimnisvollen und Verbotenen entkleidet.

Charakteristisch für kindliche Sexualität sind die Auto-Sexualität und die sozio-sexuellen Handlungen mit Gleichaltrigen, hingegen nicht mit Erwachsenen. Darum müssen wir in aller Deutlichkeit feststellen, dass – auch wenn Kinder sexuell befähigt sind – die kindliche Sexualität von der Sexualität der Erwachsenen grundlegend verschieden ist (Kentler 1994, S. 145). Typisch für den Erwachsenen ist seit der Industrialisierung und der

Verstädterung die Entsexualisierung der Ganzkörpersexualität und die Reduzierung der Lust auf die Genitalien. Kinder hingegen zeigen ihre Lust zunächst im Wonnesaugen (1. Lebensjahr), dann in Ausscheidungsspielen, die mit der Analsphäre verbunden sind (2. und 3. Lebensjahr) und schließlich im Spiel an den Sexualorganen (drei bis sechs Jahre). Erst mit dem Eintritt in die Pubertät können junge Leute sexuell so empfinden wie Erwachsene. Das bedeutet, dass für ein Kind eine lustvolle Handlung von anderer Bedeutung ist als für den Erwachsenen. Es kann die sexuelle Erregbarkeit eines Erwachsenen nicht nachvollziehen. Es ist unfähig, bestimmte Äußerungen des Erwachsenen als sexuell zu identifizieren und es ist nicht in der Lage, die allmähliche Erotisierung und Sexualisierung einer Situation zu erkennen. Der Erwachsene beantwortet darum nicht die kindliche Sexualität, sondern er projiziert seine sexuellen Wünsche in die kindliche Sexualität hinein (Janshen 1991). Er missbraucht die kindliche Sexualität zu seinen eignen, vom Kind unverstandenen Zwecken. Dies ist die strukturelle Gewalt des Erwachsenen, der die Situation manipulativ definiert. Während das Kind noch genießt, gestreichelt und gekuschelt zu werden (Kinder brauchen dies), hat der Erwachsene die Situation schon sexuell definiert. Wenn die Zärtlichkeitsgrenzen überschritten werden, wird das Kind missbraucht und zum manipulierten Sexualobjekt degradiert.

Dass die Kinder sexuell empfinden, sollte uns aber nicht davon abhalten, ihnen vor allem in den frühen Jahren viel Zärtlichkeit zu schenken. Wenn sie dies am Beginn der Pubertät nicht mehr wünschen, sagen sie es deutlich.

17 Bindungen als Lebensbasis

Der Mensch ist bald nach seiner Zeugung ein transzendentales Subjekt, d. h. eine immer vor allem anderen sich selbst gegebene Person. Durch die Intentionalität überschreitet er seine Selbst-Welt und geht Beziehungen und Bindungen zur Mit-Welt und Um-Welt ein (Noack 2007, S. 87–89). Diese Bindungen sind vielfältig, wie unsere Darstellung zeigen soll (Noack 2012, S. 242–249; ders. 2014, S. 151–160).

Bindungen in der Familie

Bindung zwischen Paaren: Die engste Bindung ist die zwischen Mann und Frau. Im Zentrum der Paar-Bindung steht die Liebe (Luhmann 1997, S. 344–347). Sie ist der Code des Ehepaars wie auch des Familiensystems. Sie grenzt eine intime von einer nicht-intimen Kommunikation ab. Liebe ist nicht ein Gefühl, sondern eine besondere Form der Kommunikation, die es ermöglicht, Gefühle auszudrücken oder sie auch zu unterdrücken (z. B. wenn sie verletzen). Mit der Liebe ist zugleich eine besondere Zuweisung von Eigenschaften verbunden. Weil der eine geliebt wird, löst dies im Geliebten eine Handlung aus: Er liebt zurück. Das geht so weit, dass der Liebende die Erwartungen des anderen vorwegnimmt. Dies ist möglich durch die gegenseitige Vertrautheit. Daran sind Liebende zu erkennen.

In der Neuzeit (ebd. 1997; Noack 2014, S. 136) wird Liebe zu einer persönlichen, individuellen Beziehung; sie wird personalisiert (sie ist nicht mehr wie im Mittelalter ein bloßer Kontrakt innerhalb einer sozialen Schicht). Dadurch wird zugleich die unpersönliche Kommunikation zu einer persönlichen. Der Liebende fragt, welche Folgen sein Handeln für den anderen haben mag. Diese Sorge kann sich so sehr verdichten, dass eine solche Suche nach Verständnis, Übereinkunft und Unterstützung seitens des Geliebten so weit geht, dass er die Weltsicht des Liebenden übernimmt. Liebe ist also die Konstruktion der Welt mit den Augen des anderen. Die Liebenden werden in die jeweilige andere Welt eingeschlossen, und sie sehen sie mit den Augen des anderen. Der Liebende sieht den Geliebten als Person, d. h. in der Beziehung zu sich selbst und seiner Umwelt. Der Liebende erblickt die Umwelt des anderen und stellt sich auf sie ein. Liebe lebt auch von den gemeinsamen Erinnerungen an Ereignisse, die gemeinsam als schön erlebt wurden.

Wenn die Liebe reflektiert (ebd.), merkt der Liebende, dass Liebe nur durch Liebe motiviert werden kann, sich nur auf Liebe bezieht und sich nur entwickeln kann, wenn sie sich mit der Liebe des anderen verbindet. Während die Liebe nach unserer modernen Auffassung nur als Personenbeziehung verstanden werden kann, ist gerade die Individualisierung auch eine Gefahr für sie. Je mehr sich die zweite Person individualisiert, desto mehr muss der andere diese Individualbedürfnisse erfüllen. Und weil beide sich individualisieren, kann es zu Konflikten kommen, die aus der Perspektivverdunkelung des jeweils anderen resultieren.

Die Bindungen zwischen Ehepaaren sind die engsten, weil sie liebende, sexuelle und erotische Bindungen sind, sowie die Alltagsbindungen aller Gemeinsamkeiten. Während Frau und

Mann beide eigene, sich selbst gestaltende und entwickelnde Personen bleiben, verbinden sie sich in den gegenseitigen Perspektivübernahmen und in den liebenden Zuschreibungen zu einer lebenslangen Liebesgemeinschaft.

Eltern-Kind-Bindungen: Die früheste elterliche Bindung ist die zwischen Mutter und Kind (Hidas, Jeno 2008). Schon der Embryo erlebt ab der 8. Woche Wahrnehmungen durch die Haut. In der 18. Schwangerschaftswoche beginnt das Hören, das im 6. Monat voll entwickelt ist. Der Fötus hört instinktiv, was Vater und Mutter zu ihm sprechen. Ab dem 5. Monat kann der Fötus auf Schwingungen und starke Bewegungen reagieren. Bereits im Alter von zwölf Wochen beginnt das Ungeborerene zu schlucken; ab der 15. Woche kann es schmecken. Mit vier Monaten kann es Muskeln, Sehnen und Gelenke bewegen.

Die früheste Umwelt des Kindes ist naturgemäß der Uterus der Mutter, eine Wasserwelt, ein Lebensraum, der Nahrung, Schutz und Wechselwirkung mit der Mutter bietet. Aber die Bauchdecke der Mutter ist durchlässig, sodass der Fötus Wahrnehmungen von außen hat. So hört er auch die Sprache des Vaters, deren tiefe Tonlage sich von der hohen der Mutter unterscheidet, und stellt die ersten Bindungen zu ihm her. Die engste Bindung zur Mutter aber besteht durch die Nabelschnur, die Hormone und Botenstoffe transportiert. Dadurch nimmt das ungeborene Kind Anteil am mütterlichen Gefühlsleben. Indem das Ungeborene unbewusst und bewusst mit der Mutter kommuniziert, entsteht eine enge Bindung, die erste und lebensentscheidende. Auch Informationen der Außenwelt werden bereits vom Gehirn des Fötus verarbeitet (Hüther 2010). Dadurch kann sich das Neugeborene später orientieren, wenn es aus der Wasserwelt in die Luftwelt überwechselt.

Wenn das Baby geboren wird, kann man drei Phasen unterscheiden, in denen die Mutter die Bindung zum Kind räumlich herstellt (Bruschweiler-Stern 2007, S. 221f.): Zuerst sorgt sich die Mutter, ob es dem Kind auch gut geht. Dann will sie wissen, ob das Kind gesund ist. Und schließlich betrachtet sie das Kind als eigenständige Person, beobachtet sein Verhalten und sieht es liebevoll an. So setzen sich die Bindungen aus der pränatalen Phase fort. Der Vater wird, wenn er sein Neugeborenes anschaut, ebenfalls auf dieses geprägt.

Unterschiedliche Bindungsqualitäten

Allerdings ist die Bindungsqualität unterschiedlich, je nachdem, ob Mutter und Vater verfügbare, verlässliche und Schutz bietende Personen sind, die das Gefühl von Liebe und Sicherheit vermitteln. In einer Atmosphäre von Wärme, Liebe, Gelassenheit, Sicherheit und Wertschätzung besteht eine Wechselseitigkeit zwischen Eltern und Kind. In dieser Weltvertrautheit wächst das Kind in seiner Gefühlswelt, seinem Denken und in seinem Sozialverhalten; sie ist die Basis für ein ganzes Leben. Nicht immer ist die Bindung zwischen Eltern und Kindern von gleicher Qualität. Es lassen sich vier unterschiedliche Bindungsqualitäten unterscheiden (Holmes 2002, S. 128; Hochfilzer 2008, S. 9f.; Schleiffer 2009, S. 40–42):

1) *Die sichere Bindung*. Zwar erlebt das Kind Trennungsschmerz, wenn die Bindungsperson das Kind verlässt; doch erwartet es, dass sie wiederkommt, und es lässt

sich trösten. Das Kind setzt sein Welterkundungsverhalten fort. Es sieht die Eltern als sichere Lebensbasis an, auf deren Grundlage derer es ohne Angst die Welt um sich herum entdeckt.

2) *Die unsicher-vermeidende Bindung.* Weil die notwendigen Bedürfnisse des Kindes nicht genügend beachtet werden, fühlt sich das Kind unsicher. Die Kinder haben keine Frustrationstoleranz erworben und darum nicht gelernt, dass die Eltern nicht immer anwesend sein können, um ihre Bedürfnisse zu befriedigen. Ein solches Verhalten entsteht insbesondere dann, wenn vor allem die Mutter Bindungsbedürfnisse des Kindes zurückweist. Das Kind entwickelt darum Gleichgültigkeitsverhalten. Es ist nicht beunruhigt, wenn die Bindungsperson es verlässt, und bei deren Wiederkehr reagiert es teilnahmslos. Vielmehr wendet sich das Kind leblosen Dingen zu, wie Spielsachen, Puppen, Stofftieren und anderen Gegenständen.
3) *Die unsicher-ambivalente Bindung.* In dieser Bindung sucht das Kind einerseits seine Eltern oder andere Bindungspersonen, gleichzeitig jedoch erlebt das Kind diese Nähe als ablehnend; es verzweifelt. Um die Aufmerksamkeit der Eltern zu erlangen, unternimmt das Kind große Anstrengungen, und zwar in einem solchen Maße, dass es sein Welterkundungsverhalten einschränkt oder sogar aufgibt.
4) *Die desorganisiert/desorientiert-unsichere Bindung.* Wenn das Kind vernachlässigt wird, Gewalt erfährt

oder sogar missbraucht wird, bildet sich eine Angst vor der/den Bindungsperson(en) heraus. Das Kind ist unsicher, ob es die Nähe der Eltern suchen oder eher vermeiden sollte. Wird es von ihnen getrennt, zeigt das Kind keine Beunruhigung. Vielmehr wendet es sich ausschließlich der leblosen Welt zu, den Dingen und Sachen. Es zeigt oft einen unbelebten, starren, trance-ähnlichen Gesichtsausdruck, besonders in der Nähe der Bindungspersonen.

Bindungsstörungen

Kinder brauchen Liebe, Annahme, Achtung, Wertschätzung und Würde, das Gefühl von Gleichwertigkeit, Sicherheit sowie das Erlebnis von Für-Sorge und Um-Sorgtsein, um sichere Bindungen, Selbstsein, Mitmenschlichkeit und Weltvertrautheit zu erwerben. Geschieht das nicht, treten Bindungsstörungen auf. Diese können vielfältige Ursachen haben, meist traumatische Erfahrungen, die im Säuglingsalter beginnen und über lange Zeit anhalten können. Die wichtigsten sind folgende:

Mutterentbehrung (Bowlby 2005, S. 11f.): Das Kind muss die mütterliche Für-Sorge entbehren, oder die Betreuungspersonen wechseln ständig. Das bedeutet, dass z. B. Großmütter ein Mutterersatz sein können, wenn sie konstante Bezugspersonen sind. In dem Fall sprechen wir von partieller Deprivation. Das Kind empfängt zwar Versorgung und emotionale und sichere Zuwendung, aber es ist eben doch nicht die Mutter. Die Folgen können Ängste, Suchtverhalten, starke Liebesansprüche, Schuldgefühle,

Hass, Aggressivität oder auch Depression sein. Haben Kinder dagegen überhaupt keine Mutter oder Ersatzmutter, weil sie beispielsweise in Kinderheimen mit wechselnden Bezugspersonen aufwachsen, dann handelt es sich um die totale Deprivation. Dies beeinflusst den ganzen Habitus des Menschen; seine sozialen Beziehungen werden beschädigt.

Vernachlässigung (Böttcher 2011, S. 16; Noack 2003, S. 171–179): Vernachlässigung bedeutet nicht nur, dass Kinder nicht versorgt werden, sondern auch dass sie emotionale und soziale Kälte und Ablehnung erfahren. Dies betrifft etwa 5 bis 10% der Kinder in Deutschland. Die Folgen können körperliche und seelische Störungen und Verletzungen sein, Depression oder gar Delinquenz. Vernachlässigungserfahrungen werden von einer Generation zur nächsten weitergegeben.

Missbrauch und Gewalt (ebd.): Die Gewalttäter können Erzieher, Pfarrer, nahestehende Verwandte oder Bekannte und seltener Fremde sein. Sind es der Vater und die Mutter, die die Nähe, Vertrautheit und den Schutz missbrauchen, dann ist die Bindung gänzlich zerstört. Wenn die Missbrauchsperson, und besonders der Vater, mit Strafen und Drohungen arbeitet, leidet das Kind unter der Ambivalenz, den Vater zu lieben, und gleichzeitig Panik, Angst, Schuldgefühle und Schmerzen zu erdulden. Wenn gar die Mutter schweigt oder sogar das Kind dem Vater gefügig macht, zerbricht auch die Mutterbindung. Die Folgen sind Beziehungsarmut, Distanzierung, Weglaufen oder aggressive Reaktion.

Auswirkung der Bindungsstörungen in den Lebensphasen

Eine gelungene Bindung ist eng verknüpft mit dem Urvertrauen, der Autonomie, der Initiative (Explorationsverhalten), der Freude an der Leistung, dem Erwerb der Identität, der Intimität, der Generativität und der Ich-Integrität als sichere Bindung. Eine misslungene Bindung hingegen ist lebenslang verbunden mit Urmisstrauen, Scham und Selbstzweifel, Schuldgefühlen, Minderwertigkeitsgefühlen, Rollenkonfusion, Isolierung, Stagnation und am Lebensende mit Verzweiflung (Erikson 1971, S. 268).

Das Kindesalter ist die sensibelste Phase für die körperliche, emotionale, kognitive und personale Entwicklung. Eine liebevolle, fürsorgende und umsorgende Erziehung ermöglicht daher eine lebenslange Bindungsfähigkeit. Die Familienatmosphäre der körperlichen Nähe, der Gerüche, der warmen Zuwendung, von Streicheln, Lachen, miteinander reden, spielen, Natur erleben, shoppen gehen, Museen besuchen usw. erzeugt eine feste, dauerhafte Bindung des Kindes an die Mutter, den Vater und die Geschwister. Fehlt dies alles, erleben Kinder stattdessen Trennung, Traumata, Verluste und Deprivation, dann treten lebenslange Schäden auf. Solche sind beispielsweise erhöhte Krankheitsanfälligkeit, körperliche Entwicklungsstörungen, Schlaf- und Essstörungen, verlangsamte Entwicklung, Schulleistungsprobleme, Lernunwille, Konzentrationsschwäche, Unlustgefühle, Gefühllosigkeit, Widerstandslosigkeit, Teilnahmslosigkeit, Desinteresse, ein Wechsel von Aggression und Regression (Braun, Helmeke 2004, S. 287).

In der *Adoleszenzphase*, der Jugend, setzen sich die Bindungsstörungen fort, vor allem wenn sie verstärkt werden.

Durch Vernachlässigung, gefühlsarme Bindung oder Liebesentzug sind die Jugendlichen unfähig, Bindungen einzugehen und eine liebende Beziehung aufzubauen. Sie sind unfähig, Liebe zu geben und zu empfangen. So treten Störungen wie Verhaltensauffälligkeiten, Entwicklungsverzögerungen, Partnerschaftskonflikte, aber auch Depression, Phobien und Zwangsverhalten auf: auch anale und ödipale Störungen sind möglich. Dadurch werden soziale Beziehungen verhindert oder zerstört (Göppel 2003, S. 193–197).

Im Erwachsenenalter zeigen sich die gleichen Störungen, wenn sich die Bindungsentbehrungen fortsetzen und die Arbeit am Charakter ausbleibt.

Typologie von Bindungsstörungen

Nach Britsch, Schroll und Militzki lassen sich verschiedene Typen von Bindungsverhalten unterscheiden (Britsch 2010, S. 102–110; Schroll 2007, S. 55–63; 145ff.; Militzki 2011, S. 15–23). Diese Typologie lässt sich auf alle Lebensphasen anwenden.

Keine Anzeichen von Bindungsverhalten: Es gibt Kinder, die gegenüber ihren Bezugspersonen gar kein Bindungsverhalten zeigen. Bei Trennung reagieren sie kaum. Es gibt selten auch ein scheinbar prosoziales Verhalten, bei dem Kinder wahllos Bezugspersonen wählen.

Undifferenziertes Bindungsverhalten: In diesem Fall differenzieren die Kinder ihre Bezugspersonen nicht. Es ist ihnen gleichgültig, ob sie diese Personen schon länger kennen oder nicht.

Dies ist kein soziales Verhalten, sondern eher eine soziale Promiskuität. In Notsituationen suchen sie bei beliebigen Personen Hilfe, die aber kaum in der Lage sind, das Kind zu trösten. Varianten des undifferenzierten Bindungsverhaltens sind selbst provozierte Unglücksfälle und Selbstverletzungen.

Übersteigertes Bindungsverhalten: In diesem Fall klammern sich die Kinder exzessiv an die Bindungsperson und suchen ängstlichen Körperkontakt, und zwar dergestalt, dass sie in Krisensituationen jegliche Exploration (Erkundungsverhalten) unterlassen. Bei Trennung von der Bindungsperson – selbst, wenn diese nur kurze Zeit dauert – zeigen sie ein übersteigertes Stressverhalten; sie weinen oder toben. Dies führt in der späten Kindheit dazu, dass die Betroffenen unter Schulangst leiden, weil für sie ohne Kontakt mit der Bindungsperson kein Explorationsverhalten möglich ist.

Gehemmtes Bindungsverhalten: Die Kinder passen sich übermäßig an die Bindungsperson an. Wenn diese die Hilfe des Kindes in Anspruch nimmt, führt es deren Wunsch sofort und ohne Widerspruch aus. Aber die Beziehung zur Bindungsperson ist schwach. Positive emotionale Kommunikationen finden kaum statt. Ist die Bindungsperson hingegen abwesend, können sich diese Kinder freier und offener austauschen.

Aggressives Bindungsverhalten: Körperliche und verbale Aggressionen dienen dazu, die Aufmerksamkeit der Bezugsperson zu erzwingen. Diese Aggressivität zeigt sich auch außerhalb der Familie, z. B. in der Schule. Tiefenpsychologisch versteckt sich hinter dieser Aggressivität die Angst, die Bindungsperson zu verlieren; damit dies ausgeschlossen ist, wird die Bindung gar nicht erst eingegangen.

Rollenumkehr (Parentifizierung): Die Kinder übernehmen die Elternrolle, indem sie sich den Eltern oder auch Geschwistern gegenüber übertrieben fürsorglich und einfühlsam verhalten. Dies absorbiert ihre Aufmerksamkeit so sehr, dass sie ein vermindertes Explorationsverhalten zeigen. Dadurch entwickelt sich ein übersteigertes Bindungsverhalten; die Kinder wollen immer in der Nähe ihrer Bezugsperson bleiben, um für sie sorgen zu können. Dieses fürsorgende Verhalten zeigt sich auch, wenn Eltern krank werden oder wenn bei Scheidung ein Elternteil, meist die Mutter, mit dem Kind zurückbleibt.

Bindungsverhalten mit Suchtverhalten: Dies entsteht, wenn dem Kind, das Nähe und Körperkontakt sucht, Ersatz angeboten wird, etwa Süßigkeiten oder Geschenke. Dabei wird das eigentliche Bedürfnis nicht erfüllt. Die Ersatzbefriedigungen werden auf Objekte gelenkt oder auf orale Befriedigungen, was zu Süchten führt: Esssucht, Alkoholismus, Rauchen, Drogen. Die Bindung wird nun auf die Drogen übertragen. Es ist deshalb darauf zu achten, ob eine Sucht eine verlagerte Bindungsstörung ist.

Geschwisterbindungen

Geschwister sind eine Nebenbindungsfigur, die die Eltern als Hauptbindungsfiguren ergänzen (Nowacki 2007, S. 60f.). Sie können die Eltern nicht ersetzen, aber sie sind immer da (im

Gegensatz zu Freunden), und die Bindung an sie verstärkt die innerfamiliäre Bindung (Noack 2010, S. 143–146). Die Bindungen zwischen Geschwistern beginnen in den ersten Lebensmonaten des Neugeborenen. Die Hälfte der Geschwisterkinder reagiert zunächst mit negativen Verhaltensänderungen auf die Ankunft des Babys. Wenn die Mutter allerdings das Kind ermutigt, sich an der Pflege des Babys zu beteiligen und mit ihm über die Bedürfnisse, Wünsche und Gefühle des Neugeborenen spricht, erweist es sich als interessiert und liebevoll. Es stellt die ersten Bindungen an das Baby her.

Die zweite Phase der Geschwisterbeziehung ist oft durch die Geschwisterrivalität charakterisiert, die das ältere Kind gegenüber dem jüngeren zeigt und zweitens durch eine Interaktion zwischen den Kindern, die positiv sein kann. Wenn das ältere Kind aufgrund seiner höheren Handlungskompetenz an das Jüngere Spielangebote macht, wird es freudig begrüßt, während gleiche Angebote des Jüngeren vom Älteren häufig ignoriert werden. Das Jüngere sucht aber die Nähe des Älteren und imitiert es gern.

Die dritte Phase der Geschwisterbeziehung ist durch zunehmende Konsolidierung und Unabhängigkeit von den Eltern gekennzeichnet. Zwar besteht die Rivalität fort, aber die Eltern greifen nicht mehr so häufig ein. Dadurch festigt sich die Geschwisterbeziehung. Es entsteht eine lebenslange Bindung.

Die weitere Entwicklung der Geschwisterbeziehung ist durch gleichzeitige Veränderung und Kontinuität bestimmt. Einerseits bleiben alte Geschwistererfahrungen und -bindungen bestehen, andererseits wachsen diese Beziehungen von der anfänglichen Geschwisterrivalität über die Geschwisterliebe zur lebenslangen

Geschwistersolidarität. Die Geschwisterbindung ermöglicht lebenslang eine Ressource bei Schwierigkeiten und Lebenskrisen.

Die Familienbindungen sind, wenn nicht Bindungsstörungen auftauchen, die engsten überhaupt. Sie dauern ein Leben lang und sind in der Regel unzerstörbar. Sie bieten allen Familienmitgliedern Sicherheit, Angenommensein, Freiheit, Hilfe, Kommunikation und gemeinsames Handeln.

Verwandtschaftsbindungen

Verwandtschaftsbeziehungen (Noack 2001, S. 200–202; Noack 2010, S. 150f.) bringen gegenseitige Unterstützung, Rat und Hilfe, und sie besitzen eine hohe Kontinuität. Verwandte lassen sich nicht im Wechsel der Lebensphasen austauschen wie Freunde, sondern bleiben lebenslang. Was ermöglichen Verwandtschaftsbindungen?

Verwandtschaftssysteme schaffen ein Muster von sozialem Verhalten. So fördern sie den Lern- und sozialen Aufstiegswillen der Heranwachsenden. Auch entstehen Freundschaftsverhältnisse zwischen Nichten, Neffen, Cousinen und Cousins, die oft für das ganze Leben bestehen und eine Quelle von Unterstützung, Rat, Sicherheit und Geborgenheit bieten.

So ist Verwandtschaft ein Netzwerk von Bindungen mit vielfältigen Funktionen bei Krankheit und in Lebenskrisen; sogar für finanzielle Unterstützung. Verwandtschaft ist ebenfalls ein kognitives System, in dem geistiger und emotionaler Austausch stattfindet. Es scheint sogar so zu sein, dass Freunde und Nachbarn kurzfristige Hilfe leisten, während Verwandtschaft langfristige Unterstützung gewährt. Verwandtschaft garantiert (und das schichtenunabhängig) Zusammenhang, Dichte, Festigkeit und Beständigkeit.

Mögen die Verwandtschaftsbindungen nicht so eng sein wie innerhalb des Familiensystems, so sind sie doch wichtig und dauernd. Sie sollten gepflegt werden durch Verwandtschaftstreffen, z. B. Hochzeiten, durch gemeinsame Ferien usw.

Freundschaftsbindungen

Die Funktionen der Freundschaft sind vielfältig und altersspezifisch. (Noack 2001, S. 202; Noack 2010, S. 151–153). Sie ist für den modernen Menschen von ebenso existentieller Bedeutung wie für Menschen früherer Zeiten, mögen auch die Verhaltensmuster sich gewandelt haben und insbesondere die Intimität geringer sein als beispielsweise in den Epochen der Empfindsamkeit, der Klassik und Romantik. Dabei hat sich herausgestellt, dass Verwandtschaft und Freundschaft sich gegenseitig ergänzen. Verwandten- wie Freundesbesuche sind etwa gleich häufig. Einseitig auf Freunde ausgerichtete Familien gibt es nur wenige, während einseitige Verwandtschaftskontakte häufiger anzutreffen sind. Gleichzeitig gehören aber neben den Verwandten und Freunden auch Nachbarn, Berufskollegen und Vereinsmitglieder zu den Interaktionspartnern des modernen Menschen, so dass die These von der Isolation des Individuums in der industriellen Massengesellschaft begrenzt werden muss. Nicht zu vergessen sei, dass oft Verwandte die engsten Freundschaften bilden, wie Cousinen, Cousins, Neffen und Nichten.

Als Ressourcen der Freundschaft nennt Nötzoldt-Linden die *Sozialität*, die in Freiwilligkeit und Gleichgewichtigkeit besteht; *Wissen, Nähe und Bindung*, die das Wissen über den andern beinhaltet, häufige und starke Nähe sucht sowie sich an den Freund/die Freundin bindet; *Emotionalität* durchwebt die Freundschaft mit freundlichen und guten Gefühlen; *Vertrauen* ermöglicht es, dem Freund auch die intimen Gedanken und Probleme mitzuteilen, weil ich mich auf seine Verschwiegenheit verlassen kann; *Solidarität* als prosoziale Haltung beinhaltet, dass ich für den anderen Sensitivität, Wertschätzung und Verantwortung entwickle; *personale und soziale Sicherheit* bedeutet für den Freund, geschützt und geborgen zu sein und auch in Notlagen Hilfe erwarten zu dürfen; schließlich können Freunde *Trost* spenden (Nötzoldt-Linden 1997, S. 7–11).

Die Bindungsqualität zwischen Freunden ist einerseits sehr groß, andererseits ist sie nicht immer von lebenslanger Dauer. Die Bindungen sind indes, solange sie dauern, so eng wie in der Verwandtschaft.

So ist jeder Mensch in ein Netzwerk von Bindungen eingebettet, die ihm Sicherheit, Versorgung, Geborgenheit und Lebenszufriedenheit gewähren.

18 Erwachsene Kinder

Wenn Kinder das Studium oder die Berufsausbildung abgeschlossen haben, wenn sie im Beruf arbeiten, eine eigene Wohnung beziehen, heiraten, Kinder bekommen, dann sind sie erwachsen. Sie werden nicht mehr von den Eltern erzogen, sondern es beginnt die Selbsterziehung. Das erwachsene Kind muss nun für sich selber sorgen, denn diese Sorge wird nicht mehr von den Eltern als Für-Sorge und Um-Sorgen übernommen, sondern der Erwachsene muss in Selbst-Sorge, Für-Sorge und Vor-Sorge seinen Lebensentwurf selber produktiv hervorbringen. Die Selbst-Sorge trägt ihm die Arbeit des Selbstseins auf, die Für-Sorge verweist ihn auf die soziale Verantwortung und die Vor-Sorge zwingt ihn, im Handeln die Lebensaufgaben von Liebe, Arbeit, Gemeinschaft und Lebensgenuss zu leisten. So erfüllt der Jugendliche die Lebensaufgabe seiner Entwicklungsphase: Er wird erwachsen.

Heinrich Roth hat zwei Aspekte des Erwachsenseins betont (Roth 1967, S. 135f.; Noack 2007, S. 147f.). Der erste Gesichtspunkt sind die Merkmale der Reife, Mündigkeit und Verantwortlichkeit, die sich wie folgt ausdifferenzieren:

1) Der reife Mensch ist körperlich und leiblich ausgereift. Sowohl seine körperlich-sexuellen als auch seine leiblich-emotionalen Fähigkeiten sind voll entwickelt.
2) Die innere Welt seiner Leiblichkeit ist durch die intersubjektive Spiegelung im Anderen entfaltet. Jetzt

ist er bereit zur Intimität, dem Austausch vom eigenen Selbst mit dem Selbst des Anderen.

3) Er hat seine Identität gefunden, und zwar eine integrierte Identität, durch die er eine innere Mitte gewonnen hat. Nun ist er in der Lage, sich ganzheitlich und allseitig schöpferisch zu entfalten.
4) Durch die Identitätsfindung, d. h. seine ganzheitliche und allseitige Bildung sowie durch die Versöhnungsarbeit vermochte er ein inneres Gleichgewicht zu finden, das ihn befähigt, auch ein produktives Gleichgewicht zur Umwelt zu erreichen. Ein produktives Gleichgewicht liegt dann vor, wenn der Mensch seine inneren Bedürfnisse und die Umweltforderungen in der Weise in Einklang bringt, dass er sich an die Umwelt anpasst und gleichzeitig die Umwelt an ihn.
5) Er lebt nicht mehr eingepasst in seine Umwelt, sondern besitzt die Fähigkeit zur Distanz zu ihr. Diese Selbst- und Weltdistanzierung erlaubt dem reifen Menschen, sich und die Welt zu reflektieren. Diese Reflexion führt zum Aufbau eines Selbst- und Weltbildes.
6) Psychisch gesehen, kann er mit Hilfe seines Ich-Bewusstseins die Ansprüche der Triebwelt, des Gewissens (Über-Ich), der Idealvorstellungen (Ideal-Ich) und der Umwelt miteinander vereinigen.
7) Er kann im Alltag Situationen werten und in einer sittlichen Bindung handeln.

8) Der reife Mensch ist weltoffen und zukunftsoffen. Er entfaltet sich sowohl in seine Lebenswelt als auch in einem Selbstentwurf in die Zukunft hinein.
9) Er hat die Fähigkeit zur produktiven Konfliktlösung.

Der zweite Aspekt des Erwachsenseins, den Roth entwickelt (ebd. 434–439), ist die Entwicklung des Personseins und Geistseins. Er differenziert die Entwicklung wie folgt: (1) Der Mensch entwickelt sich vom Wahrnehmen zum Denken. Die Wahrnehmungswelt des Kindes wird ergänzt durch die Fähigkeit, sich selbst und seine Umwelt objektiv zu erkennen und in ein Gleichgewicht zu bringen. (2) Weiterhin kommt der Mensch vom Fühlen zum Werten. Während das Kind nur die Gefühlsurteile kennt, gelangt der reife Erwachsene zu Werturteilen. Das bedeutet, dass er sein Handeln von einer Welt der Gesellschaftsnormen und der ewigen Werte begleiten lässt. Zudem kann er Normen und Werte seiner Umwelt beurteilen, d. h., er kann sie annehmen, in sich einverwandeln oder ablehnen. (3) Der Mensch ist (nach Max Scheler) ein Neinsager. Er kann auch seine Triebwelt beherrschen, indem er Triebe bejaht oder verneint. Überdies kann er zwischen Triebanspruch und Triebbefriedigung einen Hiatus legen, einen kurzen Zeitraum der Besinnung. Dadurch wird er triebungebunden und frei. (4) Der Erwachsene reagiert nicht mehr wie das Kind, sondern er handelt verantwortlich. Handeln ist immer zielgerichtetes und sinnvolles und zudem wertgebundenes Wirken. Der Erwachsene reagiert nicht mehr bloß, sondern er agiert. Sein Handeln beruht auf einem Zusammenspiel von

Wahrnehmen, Denken und Urteilen, wodurch die Umwelt zur Selbstwelt einverwandelt wird.

Wenn Kinder zu Erwachsenen werden, dann werden sie zu Freunden, die auf gleicher Augenhöhe mit den Eltern kommunizieren. Eltern helfen, wenn die Kinder Hilfe brauchen, umgekehrt sind die Kinder in Notfällen den Eltern eine sichere Hilfe. Gegenseitige Besuche, gemeinsame Ferien, Familienfeste– all solche Gemeinsamkeiten schließen die Familien zusammen zu einer Lebensgemeinschaft.

19 Literatur

ADLER, A.: *Menschenkenntnis*. Frankfurt am Main 1928/1972.

ARBEITSAUSSCHUSS GUTES SPIELZEUG. *Gutes Spielzeug von A bis Z*. Ulm 13. Aufl. 1994.

BERNSTEIN, B.: *Soziokulturelle Determinanten des Lernens*. In: Soziologie der Schule. Kölner Zeitschrift für Soziologie und Sozialpsychologie. Sonderheft 4. Opladen 1960. S. 52–79.

BLASCHKE, D., DIETRICH, H.: „Bezugsgruppe, Bezugsperson". In: DEUTSCHER VEREIN FÜR ÖFFENTLICHE UND PRIVATE FÜRSORGE (Hrsg.): *Fachlexikon der sozialen Arbeit*. 5. Aufl. Frankfurt a. Main 2002. S. 152f.

BOWLBY, J.: *Frühe Bindung und kindliche Entwicklung*. München 5. Aufl. 2005.

BÖTTCHER, O.: *Aspekte sozialarbeiterischer Intervention bei Bindungsstörungen*. Bachelorthese im Fachbereich Sozialwesen an der Theologischen Hochschule Friedensau. Friedensau 2011.

BRAUN, K., HELMEKE, C.: „Der Einfluss früher Bindung auf die Entwicklung des kindlichen Gehirns". In: AHNERT, L. (Hrsg.): *Frühe Bindung. Entstehung und Entwicklung*. München 2004. S. 287–294.

BRITSCH, K. H.: *Bindungsstörungen. Von der Bindungstheorie zur Therapie*. Stuttgart 10. Aufl. 2010.

BRONGERSMA, E.: „Die Rechtsposition des Pädophilen". In: *Monatszeitschrift für Kriminologie und Staatsrechtsreform* 63 (1980), S. 97–108.

BRUSCHWEILER-STERN, N.: „Momente der Begegnung und die Entwicklung der Mutter-Kind-Bindung". In: BRISCH, K-H., HELLBRÜGGE, T. (Hrsg.): *Die Anfänge der Eltern-Kind-Bindung. Schwangerschaft, Geburt und Psychotherapie*. Stuttgart 2007. S. 119–227.

DREHER, E., DREHER, M.: „Entwicklungsaufgaben im Jugendalter. Bedeutsamkeit und Bewältigungskonzepte". In: LIEPMANN, D., STIKRUD, A. (Hrsg.): *Entwicklungsaufgaben und Bewältigungsprobleme in der Adoleszenz*. Göttingen 1985. S. 56–70.

DREIKUS, R., BLUMENTHAL, E.: *Eltern und Kinder – Freunde oder Feinde?* 5. Aufl. München 1994.

DREIKURS, R., SOLTZ, V.: *Kinder fordern uns heraus. Wie erziehen wir sie zeitgemäß?* Stuttgart 2009.

EINSIEDLER, W.: *Das Spiel der Kinder. Zur Pädagogik und Psychologie des Kinderspiels*. Bad Heilbrunn (Obb.) 3. Aufl. 1999.

ENGEL, U., HURRELMANN K.: „Familie und Bildungschancen. Zum Verständnis von Familie, Schule und Berufsausbildung". In: NAVE-HERTZ, MAREFKA, M. (Hrsg.): *Handbuch der Familien- und Jugendforschung*. Frankfurt am Main 1989. S. 475–489.

ERIKSON, E. H.: *Kindheit und Gesellschaft*. Stuttgart 12. Aufl. 1995.

FISCHINGER, E.: „Lesen allein genügt nicht. Zum Ansatz der Bibliotherapie in einem Kinderkrankenhaus". In: VERLAG DES DEUTSCHEN ÄRZTINNENBUNDES E. V. (Hrsg.): *Kranke Kinder brauchen Bücher. Bibliotherapie in Theorie und Praxis*. München 1996. S. 79–82.

FOWLER, J. W.: *Stufen des Glaubens. Die Psychologie der menschlichen Entwicklung und die Suche nach Sinn*. Gütersloh 1991.

FRITZ, J.: *Spielzeugwelten. Eine Einführung in die Pädagogik der Spielmittel*. Weinheim 3. Aufl. 1992.

GORDON, B. N., SCHROEDER, C. S.: *Sexuality. A. developmental approach to problems*. New York 1995.

GÖPPEL, R.: „Die Bedeutung früher Bindungserfahrungen für die sozialen Interaktionen von Kindern in späteren außerfamiliären Kontexten". In: FINGER-TRESCHER, U., KREBS, H. (Hrsg.): *Bindungsstörungen und Entwicklungschancen*. Gießen 2003. S. 191–210.

HARSDORF, U.: *Schichtenintegrative soziale Netzwerkarbeit*. Diplomarbeit an der sozialwissenschaftlichen Fakultät der Theologischen Hochschule Friedensau. Friedensau 1996.

HEIDEGGER, M.: *Sein und Zeit*. 17. Aufl. Tübingen 1993.

HIDAS, G., JANO, R.: *Nabelschnur der Seele. Psychoanalytisch orientierte Förderung der vorgeburtlichen Bindung zwischen Mutter und Baby*. Gießen 2006.

HOCHFILZER, H.: *Die Bindung von Kindern. Ein Vergleich von Pflegekindern und Kindern in Heimen*. Saarbrücken 2008.

HOLMES, J.: *John Bowlby und die Bindungstheorie*. München 2002.

HÖRING, P.-C.: *Jugendlichen begegnen. Jugendpastorales Handeln in der Kirche als Gemeinschaft*. Stuttgart 2000.

HURRELMANN, K: „Die Rolle der Schule im sozialen Unterstützungsnetzwerk Jugendlicher". In: *Die deutsche Schule* 4 (1999). S. 426–438.

HÜTHER, G., KRENS, I.: *Das Geheimnis der ersten neun Monate. Unsere frühesten Prägungen*. Weinheim 2010.

JANSHEN, D. (Hrsg.): *Sexuelle Gewalt. Die allgemeine Menschenrechtsverletzung*. Berlin 1991.

KENTLER, H.: „Täterinnen und Täter beim sexuellen Mißbrauch von Jungen". In: RUTSCHKY, K., WOLFF, R. (Hrsg.): *Handbuch Sexueller Mißbrauch*. Hamburg 1994, S. 143–156.

KEGAN, R.: *Die Entwicklungsstufen des Selbst*. München 1986.

LEMBERG, E., KLAUS-ROEDER, R.: „Familie, Schule, Sozialisation". In: WURZBACHER, G. (Hrsg.): *Die Familie als Sozialisationsfaktor*. 2. Aufl. 1977. S. 212–274.

LUHMANN, N.: *Die Gesellschaft der Gesellschaft*, 2 Bd Frankfurt am Main 1997.

MILITZKI, C.: *Heimerziehung und Pflegefamilien im Vergleich bezüglich Bindungsstörungen*. Bachelorthese an der sozialwissenschaftlichen Fakultät der Theologischen Hochschule Friedensau. Friedensau 2011.

NOACK, W.: *Sozialpädagogik. Ein Lehrbuch*. Freiburg i. Br. 2001.

NOACK, W.: *Sozialräumlicher Kinderschutz*. In: Soziale Arbeit 5 (2003). S. 171–179.

NOACK, W.: *Kulturpädagogik. Grundzüge und Tätigkeitsfelder*. Berlin 2006.

NOACK, W.: „Pierre Bourdieu in seiner Bedeutung für die Soziale Arbeit". In: Theorie und Praxis der Sozialen Arbeit 4 (2007). S. 54–60.

NOACK, W.: *Anthropologie der Lebensphasen. Grundlagen für Erziehung, soziales Handeln und Lebenspraxis*. Berlin 2007.

NOACK, W.: „Offene Kinder- und Jugendarbeit“. In: CORNELSEN SCRIPTOR (Hrsg.): *Kinder erziehen, bilden und betreuen. Lehrbuch für Ausbildung und Studium*. Berlin 2010. S. 136–161.

NOACK, W.: *Seelsorgerliche Diakonie. Leitfaden für ehrenamtliche Helfer in Kirchengemeinden und diakonischen Einrichtungen*. Berlin 2010.

NOACK, W.: „Kinder: schutzbedürftige Wesen“. In: *Glauben heute*. Lüneburg 2010. S. 6–16.

NOACK, W.: „Schulversagen – Schulverweigerung. Analysen, Prävention“. In: *Theorie und Praxis der der Sozialen Arbeit* 3 (2010), S. 185–192.

NOACK, W.: „Bindungen als Lebensbasis“. In: *Soziale Arbeit* 7 (2012). S. 242–249.

NOACK, W.: *Inklusion und Exklusion in der funktional differenzierten, globalisierten Gesellschaft*. Berlin 2014.

NOWACKI, K.: *Aufwachsen in Pflegefamilien oder Heim. Bindungspräsentation, psychische Belastung und Persönlichkeit bei jungen Erwachsenen*. Hamburg 2007.

NÖZOLDT-LINDEN, U.: „Freundschaftsbeziehungen versus Familienbeziehungen. Versuch einer Begriffsbestimmung zur ‚Freundschaft‘.“ In: *Ethik und Sozialwissenschaften* 1 (1997). S. 3–12.

OERTER, R.: *Psychologie des Spiels*. 2. Aufl. 1997.

PALME *Modul II Sitzung 8*. Infoblatt für Mütter. 2008.

PIAGET, J., INHELDER. B.: *Die Psychologie des Kindes*. 5. Aufl. München 1993.

RATTNER J., DANZER, G.: *Individualpsychologie. Einführung in die tiefenpsychologische Lehre Alfred Adlers*. München 1961.

REINERS, A.: *Praktische Erlebnispädagogik. Neue Sammlung motivierender Interaktionsspiele*. München 3. Aufl. 1993.

ROLFF, H.-G., KLEMM, K., TILLMANN, K-J. (Hrsg.): *Jahrbuch der Schulentwicklung*. Bd. 4. Weinheim 1986.

ROTH, H.: *Erziehungswissenschaft, Erziehungsfeld und Lehrerbildung*. Hannover 1967.

RUTHE, R.: *Die Kunst zu ermutigen*. 3. Aufl. Moers 1988.

SCHÄFER, G. E.: *Spielphantasie und Spielumwelt. Spielen, Bilden und Gestalten als Prozesse zwischen Innen und Außen*. Weinheim 1989.

SCHÄFER, G. E.: „Spiel". In: OTTO, H. U., TIERSCH, H. (Hrsg.): *Handbuch der Sozialarbeit/Sozialpädagogik*. Neuwied 2001. S. 1806–1812.

SCHLEIFFER, R.: „Konsequenzen unsicherer Bindungsqualität: Verhaltensauffälligkeiten und Schulleistungsprobleme". In: JULIUS, H., GASTEIGER-KLICPERA (Hrsg.): Bin*dung im Kindesalter. Diagnostik und Interventionen*. Göttingen u a. 2009. S. 39–63.

SCHOTTMAYR, G., CHRISTMANN, R.: *Kinderspielplätze. Beiträge zur kindorientierten Gestaltung der Wohnumwelt*. Berlin 1976

SCHROLL, B.: *Bezugsbetreuung für Kinder mit Bindungsstörungen. Ein Konzept für die heilpädagogisch-therapeutische Praxis*. Marburg 2007.

SCHUHRKE, B.: „Die Entwicklung kindlicher Sexualität – beobachtet". In: RUTSCHKY, K., WOLFF, R. (Hrsg.): *Handbuch Sexueller Mißbrauch*. Hamburg 1994. S. 97–115.

SCHÜTZE, Y.: „Geschwisterbeziehungen". In: NAVE-HERZ, R., MARKEFKA, M. (Hrsg.): *Handbuch der Familien und Jugendforschung*. Bd. 1. Neuwied 1989. S. 311–324.

STOODT, D.: „Bund zwischen Älteren und Jüngeren". In: RIES. R., FIEDLER, K. (Hrsg.): *Die verletzlichen Jahre. Handbuch zur Beratung und Seelsorge an Kindern und Jugendlichen*. Gütersloh 1993. S. 630–647.

RAUCH, J.: „Gehirnjogging im Mutterleib". In: *Bild der Wissenschaft* 2 (2006). S. 24–29.

TEXTOR, M. R.: *Gehirnentwicklung bei Babys und Kleinkindern – Konsequenzen für die Familienerziehung. Das Online-Familienhandbuch des Staatsinstituts für Frühpädagogik*. München 2008.

TOMAN, W.: *Familienkonstellationen. Ihr Einfluß auf den Menschen*. 4. Aufl. Stuttgart 1987.

VOLBERT, R.: „Sexuelles Verhalten von Kindern: Normale Entwicklung oder Indikator für sexuellen Mißbrauch?" in: AMANN, G., WIPPLINGER, R. (Hrsg.), *Sexueller Mißbrauch. Überblick zu Forschung, Beratung und Therapie. Ein Handbuch*, 2. Aufl. Tübingen 1998, S. 385–398.

WEXBERG, E.: *Individualpsychologie*. Orig. 1928. Darmstadt 1974.